CURA DE TRAUMAS SOMÁTICOS

Um curso intensivo para que você mesmo experiencie em casa a verdadeira consciência corporal através de segredos somáticos que qualquer pessoa pode fazer & técnicas secretas que o seu terapeuta não quer que você saiba

ASCENDING VIBRATIONS

Ascending Vibrations

CONTENTS

REIVINDIQUE OS SEUS
BÔNUS ABAIXO (EM INGLÊS)

Para o ajudar na sua jornada espiritual, criámos alguns bónus gratuitos para o ajudar a limpar a bagagem energética que já não lhe serve e a manifestar uma vida que lhe convém melhor. Os bónus incluem um curso de vídeo complementar com mais de 4,5 horas de conteúdo fortalecedor, vídeos que estimulam a energia, meditações guiadas poderosas, revistas e muito mais. (Em inglês)

Você pode obter acesso imediato através do link abaixo ou digitalizando o código QR com o seu celular.

https://bonus.ascendingvibrations.net

Bônus Grátis #1: O Curso de Sintonização dos Chakras em 3 Passos

Quer conhecer uma maneira única de atingir os chakras? Eleve a Sua Existência ao Visar o Subconsciente, o Físico, e o Espiritual

- Descubra um método único de 3 passos para direcionar os chakras que muitas pessoas não estão aproveitando!
- Hackeie o seu cérebro, eleve o corpo, a mente e o espírito e liberte os bloqueios que o impedem de alcançar a grandeza
- Desperte uma energia espantosa para criar uma realidade que se encaixe na sua vida
- Pare de perder tempo precioso com métodos ineficazes

Bônus Grátis #2: O Kit de Ferramentas da Fórmula Secreta do Manifesto

Está farto de se acomodar na vida, de desperdiçar tempo precioso, e está pronto para atrair o seu potencial mais elevado para si?

Bônus Grátis #3: O Kit de Ferramentas de Limpeza Espiritual

Está pronto para largar toda a energia negativa que já não lhe serve?

- Liberte bloqueios energéticos que possam estar a causar desequilíbrios
- Desperte uma energia incrível para turbinar a sua aura
- Crie um ambiente energético maravilhosamente limpo

Bônus grátis #4: Uma poderosa meditação guiada de cura energética de 10 minutos

Todos estes fantásticos bônus são 100% gratuitos. Não precisa informar nenhum dado, exceto o seu endereço de e-mail.

Para obter acesso imediato aos seus bônus, vá para

https://bonus.ascendingvibrations.net

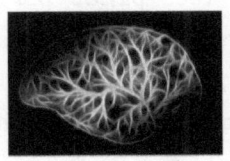

INTRODUÇÃO

É um fato que muitos dos livros sobre a Terapia Somática Curativa têm como objetivo ajudar o leitor com seus inúmeros problemas diretamente. No entanto, a terminologia científica complexa e os exercícios difíceis de seguir, comuns em tais títulos, podem muitas vezes resultar num leitor perplexo que fica com a pulga atrás da orelha. Este livro é diferente. Este livro é de autoajuda no verdadeiro sentido da palavra. Nada aqui vai ser complicado ou confuso. Tudo o que escrevo será fácil de compreender e de seguir. Se houver conceitos mais desafiadores contidos nos capítulos, então eu vou detalhá-los até o ponto em que qualquer pessoa nova na cura somática será capaz de entender. Não precisa de um médico ou de uma parede de diplomas científicos para perceber o que o autor pretende transmitir. Este livro é para qualquer pessoa e para toda as pessoas.

Os exercícios contidos neste livro não vão ser tão difíceis que seja necessário pedir ajuda aos vizinhos ou consultar um terapeuta somático profissional para o ajudar. Não, trata-se de exercícios simples que qualquer pessoa, seja ela jovem ou idosa, pode facilmente seguir e realizar na segurança da sua casa.

Entendo que se você está interessado neste livro, isso pode significar que você passou por experiências muito estressantes ou traumáticas e está em busca de cura. Lembre-se de que estou aqui para apoiá-lo e incentivá-lo nessa jornada. Evitarei usar uma linguagem específica e mencionar situações específicas que possam desencadear uma lembrança desse trauma em você. Este livro é um porto seguro para você. Você deve sempre encontrar paz e conforto quando estiver consultando este livro. Ele deve ser seu guia quando precisar praticar exercícios para ajudar em sua jornada de cura. Esses não são exercícios para serem usados uma única vez e nunca mais serem usados. São exercícios que você pode usar diariamente para estimular a cura dentro de você. Não se preocupe: você não precisa se inscrever em alguma religião mística ou seguir um líder xamânico para participar da recuperação. Tudo aqui é pragmático e para sua diversão, conhecimento e esclarecimento. Não é necessário que você mude todo o seu sistema de crenças para se beneficiar dele.

Também discutirei o trauma e como ele impacta e afeta todas as nossas vidas. Independentemente de sua idade ou sexo, se você for um sobrevivente de uma experiência traumática, este livro está aqui para ajudá-lo de uma forma que não o sobrecarregue nem o deixe para baixo. Vou lembrá-lo de como você é uma pessoa única e resiliente e de como, se abraçar essa jornada de cura, você poderá ser a melhor versão possível de si mesmo.

NÓS NÃO SOMOS APENAS NOSSAS MENTES: COMO O TRAUMA AFETA NOSSO CORPO E NOSSA SAÚDE

O trauma é uma experiência que todos os seres humanos têm em comum e com a qual todos podemos nos identificar. Às vezes isso pode ser óbvio: sofremos um acidente de carro ou perdemos um ente querido inesperadamente - isso pode ser uma experiência traumática para nós, mas, às vezes, o trauma não é tão óbvio. Talvez tenhamos entrado em conflito com um colega de trabalho; talvez alguém tenha nos insultado ou menosprezado. Pode não parecer grande coisa, mas essas pequenas coisas também podem ser experiências traumáticas. O risco de trauma é algo pelo qual passamos todos os dias. Nossa reação ao trauma varia de pessoa para pessoa porque depende de como o cérebro de cada um reage a essas situações - tanto no momento do evento quanto no futuro.

O problema é que, se o trauma não for tratado, não é apenas o nosso cérebro que é afetado, mas todo o nosso corpo. Os efeitos do trauma podem afetar gravemente nosso bem-estar e nossa saúde. Ele pode afetar tudo, desde a digestão até a frequência cardíaca. É importante lembrar que o trauma não é algo que afeta apenas a nossa mente: Ele pode afetar todo o nosso corpo e qualquer área da nossa saúde. Obviamente, é essencial que eliminemos o trauma de nossos corpos e aprendamos a nos curar. Caso contrário, isso pode levar a doenças crônicas. O trauma levou a doenças como diabetes tipo 2, artrite reumatoide e doenças cardíacas (Richmond, 2018). Meu pai foi diagnosticado com artrite reumatoide no final de sua vida. Sabendo o que sei sobre traumas hoje em dia, me pergunto se isso estava ligado à morte de sua esposa (minha mãe). Eles estavam juntos há muito tempo.

Dizer que foi um choque para o sistema dele quando ela morreu seria um eufemismo. Se ao menos eu conhecesse a terapia de cura somática na época, talvez pudesse ter ajudado mais meu pai a passar por essa experiência traumática. No entanto, todos nós temos reações diferentes, por isso quero tranquilizá-lo de que o fato de ter passado por uma experiência traumática não significa imediatamente que você sofrerá uma doença. Mas ela tem potencial para isso se não for tratada.

Algo como o trauma, geralmente visto como um aspecto mental, manifesta-se em reações físicas, como dores de cabeça, tensão muscular, fadiga e problemas estomacais (Richmond, 2018). É o tipo de dor física constante que nenhum de nós quer suportar, a menos que seja necessário. Ela também se manifesta em nossas emoções e sentimentos. Alguns de nós podem se sentir desnorteados; alguns podem se sentir completamente isolados; alguns se sentem presos; alguns se sentem sem esperança e como se não tivessem controle sobre si mesmos; ou alguns podem parar de sentir e de se importar consigo mesmos e com os outros. O trauma pode começar no cérebro, mas pode afetar todo o nosso ser se não aprendermos a nos curar dele. Essa é a informação que tentarei fornecer a você. Seguindo as orientações e os exercícios fornecidos neste livro, você poderá iniciar sua jornada de cura e aprender a transformar sua vida de modo que o passado não a domine mais. É hora de parar de se lembrar do passado e se concentrar em moldar seu futuro.

SE VOCÊ ENTENDE A TERAPIA SOMÁTICA, ENTÃO VOCÊ ENTENDE COMO ALTERAR SUA EXISTÊNCIA PARA SEMPRE

A palavra "somática" vem originalmente da palavra grega soma, que significa "corpo vivo" (Erdelyi, 2019). Essa análise da origem da palavra lhe dá uma boa ideia do que é a terapia somática. Trata-se de ouvir seu corpo, bem como sua mente, e fazer a conexão entre os dois. Ao ouvir o corpo e aprender a curar o corpo, você, por sua vez, curará a mente. O pensamento por trás da terapia somática é que muito do que sofremos agora se deve a traumas passados. Acredita-se que grande parte desse trauma tenha ficado presa em nosso sistema nervoso. Os sintomas e efeitos do trauma que exibimos fisicamente resultam da instabilidade de nosso sistema nervoso causada por essas experiências passadas.

Algumas pessoas podem descartar essa crença como uma ilusão. A ciência está apoiando essa teoria de que o corpo e a mente estão conectados. Morrisey cantou uma vez na música "*Still Ill*", do The Smiths: "O corpo governa a mente ou a mente governa o corpo? Eu não sei" (Morrisey & Marr, 1984). Entretanto, quanto mais pesquisas científicas e médicas são realizadas nessa área, mais percebemos que a mente e o corpo estão interconectados e que a dor pode funcionar nos dois sentidos. Por exemplo, um estudo realizado em 2005 concluiu que a dor crônica nas costas geralmente resultava em coisas como ansiedade e respostas emocionais extremas (Von Korff et al., 2005). Um estudo realizado em 2020 enfocou como a dor social, ou seja, o isolamento ou experiências negativas de interação, pode resultar em dor física (Zhang et al., 2020). Portanto, a cura somática é usada como terapia porque aborda tanto a mente quanto o corpo. Ela também trata de nossas emoções e sentimentos. Ela não presume apenas que a dor física só pode ser curada por meio de terapia física ou que a saúde mental só pode ser tratada por meio de terapia psicológica.

PSICOLOGIA SOMÁTICA E PSICOTERAPIA

Agora é hora de apresentar a psicoterapia e a psicologia somática. A psicologia somática abrange métodos terapêuticos e holísticos relacionados ao corpo, dos quais a psicoterapia somática é o maior ramo.

A psicoterapia somática também engloba a abordagem terapêutica e holística da psicologia somática. Ela procura tratar de questões relacionadas ao corpo, à mente e às emoções no processo de cura. A crença é que os pensamentos, as perspectivas, os princípios e as emoções de uma pessoa podem afetar seu bem-estar físico, e aspectos físicos como postura, exercícios e dieta podem afetar uma pessoa mentalmente. Qualquer pessoa que tenha assistido ao documentário de Morgan Spurlock, *Super Size Me*, de 2004, sabe que Morgan tinha muitos problemas físicos abrangentes causados por ter comido em uma conhecida rede de fast-food e também sofria alterações extremas de humor. Sua saúde mental, e não apenas sua saúde física, se deteriorou devido ao experimento.

A psicoterapia somática é um método que se baseia na conexão entre o corpo e a mente. Os adeptos da psicoterapia somática veem a mente e o corpo como um todo, e qualquer terapia deve abordar esses dois fatores. Eles acreditam que a mente e o corpo podem se mover em direção à cura quando recebem a abordagem, o ambiente, as interações sociais, o incentivo e o respeito corretos. Se assim for, a mente e o corpo podem se regular para lidar com o estresse e as tensões da vida. Caso contrário, o trauma é armazenado no corpo e pode afetar aspectos como postura, expressões faciais e linguagem corporal. As terapias tradicionais, como a psicoterapia, podem ajudar com o trauma, mas acrescentar uma abordagem holística, como as técnicas terapêuticas somáticas, pode fazer maravilhas. O mesmo se aplica às terapias corporais: Elas podem tratar de problemas físicos e até mesmo de alguns problemas psicológicos, mas não resolvem problemas de saúde mental profundamente arraigados.

Muitas vezes, atribui-se a William Reich a formação das ideias por trás da cura somática. Entretanto, ele se beneficiou do fato de ter sido aluno de Sigmund Freud, que desenvolveu os primeiros pensamentos sobre o que hoje consideramos cura somática. Pierre Janet também foi um dos primeiros a contribuir com esses tipos de pensamentos e ideias. Entretanto, Reich desenvolveu esses pontos de vista em um conceito muito mais progressivo. Ele acreditava que os instintos humanos eram naturalmente bons. A partir dessa crença, ele formou uma teoria que incorporava o corpo. O livro de Reich de 1933,

Character Analysis, sugeria que o corpo era afetado por emoções enterradas e até mesmo pela personalidade de uma pessoa. Isso poderia resultar em tensão nos músculos, na postura e na maneira como a pessoa se movimenta. Ele se referiu a essa ideia como "armadura corporal". Portanto, ele concluiu que, para liberar as emoções presas nas profundezas do corpo, era necessário aplicar algum tipo de força física ao corpo (Bell, 2017). Embora algumas das ideias posteriores de Reich tenham sido rejeitadas pelos profissionais de psicologia, ele lançou as bases da terapia somática. Atualmente, é amplamente aceito que a mente e o corpo estão muito mais alinhados e não são entidades separadas como se acreditava anteriormente. Muitos profissionais que lidam com saúde mental agora apoiam uma abordagem mais holística ao lidar com pessoas afetadas por traumas.

A psicoterapia somática funciona prestando atenção aos sinais do corpo - não apenas ao que a mente nos diz. Pode ser tensão nos músculos - geralmente em torno da cabeça, pescoço e ombros - ou pode se manifestar como problemas de digestão, problemas hormonais ou disfunção sexual. Os psicoterapeutas somáticos ajudarão a pessoa a ouvir seu corpo e a se conscientizar desses sinais. Em seguida, eles designam a técnica terapêutica que acreditam que melhor ajudará a aliviar os problemas. Podem ser exercícios como técnicas de respiração ou algo muito físico, como movimentos de dança. A pessoa também pode discutir seus hábitos comportamentais e observar, no futuro, o impacto que esses hábitos têm sobre quaisquer novos pensamentos e sentimentos que possam surgir durante a terapia somática.

Essencialmente, a terapia somática pode ajudar as pessoas a se conscientizarem de seus corpos e mentes e a se abrirem e pensarem mais sobre suas emoções e problemas físicos. Como veremos em alguns capítulos posteriores, a terapia somática está se tornando a referência para ajudar as pessoas que sofreram transtorno de estresse pós-traumático (TEPT). Compreender a terapia somática e incluí-la em sua rotina pode ajudar a lidar com uma série de questões, como estresse, ansiedade e depressão, ajudar com problemas de relacionamento e interação ou ajudar a aumentar a autoconfiança e a crença em si mesmo.

CONCEITOS – CHAVE DA TERAPIA SOMÁTICA

Discutirei os conceitos-chave contidos em cada capítulo com muito mais detalhes à medida que avançarmos. No entanto, neste primeiro capítulo, gostaria de fornecer um breve esboço desses conceitos essenciais para que você já tenha uma compreensão básica quando nos aprofundarmos nessas ideias mais tarde.

Aterramento

O aterramento é uma técnica usada no corpo que permite que a pessoa se sinta no momento presente. Ele utiliza a capacidade da pessoa de sentir seu corpo físico, usando seus sentidos e sentindo os pés no chão. Em essência, o aterramento tem a ver com o controle do sistema nervoso e com o aprendizado da calma.

Desenvolvimento de Limites

O desenvolvimento de limites tem a ver com o fato de a pessoa se concentrar no aqui e agora, dando-lhe as ferramentas para responder positivamente às suas necessidades em constante mudança e estabelecendo limites claros. Ele permite que a pessoa reaja com confiança às situações de mudança e estabeleça uma proteção contra a sobrecarga.

Autocontrole

Acho que algumas pessoas acham que eu precisaria de autocontrole quando se trata de doces ou álcool! No entanto, esse conceito tem mais a ver com a autocontrole do seu corpo, não necessariamente da sua dieta ou dos seus hábitos de consumo de álcool (embora a autocontrole de ambos nunca seja uma má ideia). É a ideia de que a pessoa fica atenta e sente parte de seu corpo durante emoções ou sensações profundas. A pessoa aprende a autorregular todas as principais sensibilidades físicas e pode controlá-las ou responder adequadamente em momentos de grande impacto emocional.

Movimento e Processo

Como já descrevi, a terapia somática tem tudo a ver com ouvir o corpo. Isso significa que a postura, o senso de espaço e a linguagem corporal de uma pessoa, como os gestos, podem fornecer uma compreensão precisa dos tipos de experiências de vida pelas quais ela pode ter passado. O movimento pode ser algo com o qual uma pessoa pode se envolver para ajudar com seus problemas.

Sequenciamento

A sequência tem a ver com o modo como a tensão acumulada por experiências traumáticas pode se movimentar pelo corpo. Por exemplo, a tensão pode começar no estômago. Em seguida, pode subir para o tórax, que pode se contrair, e depois subir para a garganta, onde, novamente, pode haver contração, dificultando a respiração. Talvez a tensão resulte em choro livre e lágrimas saindo dos olhos, o que libera a pessoa e permite que ela respire com mais facilidade.

Titulação

Titulação é o procedimento de encontrar pequenas quantidades de angústia enquanto cura a pessoa de modo geral. A pessoa voltará lentamente às suas experiências traumáticas passadas e, à medida que o fizer, o terapeuta somático verificará as respostas e sensações do corpo. Ele não fica de olho apenas no aspecto físico: Ele continuará conversando com a pessoa, mas estará atento a coisas como dificuldade para respirar, punhos cerrados, ranger de dentes ou uma diferença no som da voz.

Recursos

O fornecimento de recursos está relacionado aos recursos que você pode dar a uma pessoa para que ela sinta que tem escolhas seguras a fazer e não fique sobrecarregada e ansiosa. A pessoa aprenderá a identificar lugares, pessoas e coisas que a façam se sentir segura e calma. Ela os usará sempre que estiver se sentindo angustiada. Ela descobrirá como se sentir em paz com o mundo e com o que seu corpo está sentindo.

EXISTEM LIMITAÇÕES PARA A TERAPIA SOMÁTICA?

Embora a psicoterapia somática esteja se tornando mais comum como uma opção de terapia para lidar com o trauma, algumas preocupações e limitações foram levantadas por aqueles que se opõem a ela. Uma dessas preocupações é a terapia do toque, que às vezes pode ser usada como parte da terapia somática. A terapia do toque é algo que muitos profissionais de terapia acreditam ter implicações éticas. Embora se reconheça que algumas terapias de toque podem ter um efeito curativo na redução da dor ou da tensão, também se reconhece que tocar algumas vítimas de abuso pode desencadear seu trauma. Há também a possibilidade de que, assim como o toque pode causar a recorrência do trauma, ele também pode deixar algumas pessoas muito desconfortáveis, ou algumas podem até mesmo achá-lo excitante. Isso pode significar que o toque desvia o foco do objetivo da terapia. O paciente pode acabar transferindo para o terapeuta sentimentos e emoções relacionados a alguém ou a alguma outra coisa; o inverso também é possível - o terapeuta transfere para o paciente sentimentos e emoções que não são diretamente relevantes para ele. Portanto, tanto o terapeuta quanto o paciente precisam concordar que o toque é uma parte aceitável da terapia e que o paciente está disposto a investigar e desenvolver uma consciência de seu corpo. Nem todos os cursos de psicoterapia corporal foram credenciados em alguns países, pois se considera que eles não atendem a todos os critérios científicos exigidos. Portanto, ao procurar esses tipos específicos de cursos, você precisa estar ciente desse cenário (Bell, 2017).

DIFERENTES TIPOS DE TERAPIA DE TRAUMA

Finalmente, neste capítulo, descreverei alguns dos programas e procedimentos que você pode seguir e dos quais pode participar quando se trata de terapia somática. Discutirei esses programas com muito mais detalhes nos vários capítulos do livro, mas isso é para dar uma ideia do que pode lhe agradar ou do que pode lhe interessar especificamente - embora todos possam ter benefícios.

Arteterapia

A arteterapia pode ser uma forma útil de tratar o trauma. Ela permite que a pessoa crie o que quiser e no ritmo que desejar. Além disso, inclui elementos visuais e físicos. A arte se torna, então, uma liberação do trauma e, ao mesmo tempo, permite que a pessoa se torne mais consciente de seu corpo e das sensações envolvidas ao tocar nas coisas e criar.

Técnica de Liberação Emocional (TLE) Toque

A TLE usa princípios semelhantes aos da acupuntura. Ela acredita que há pontos específicos no corpo relacionados a órgãos ou outras partes internas do corpo. Usar os dedos e bater nesses pontos envia mensagens ao cérebro. Isso, por sua vez, pode aliviar a tensão e a pressão acumuladas devido a experiências e emoções negativas que a pessoa possa ter vivenciado.

Terapia de Dessensibilização e Reprocessamento por Movimentos Oculares (TDRMO)

A TDRMO funciona quando a pessoa revive o trauma de forma lenta e intermitente, enquanto o terapeuta a instrui a mover os olhos. O raciocínio em torno disso é que é mais fácil lidar com a lembrança de experiências passadas terríveis quando sua atenção é desviada para outro lugar. Ter a atenção distraída dessa forma produz uma resposta física e emocional muito menor ao trauma.

Psicologia Energética

A TLE é um tipo de psicologia energética. Ela envolve o uso de métodos do tipo acupuntura para tocar os pontos de energia do corpo enquanto a pessoa que está fazendo a terapia se concentra em eventos ou experiências traumáticas em sua vida.

Terapia do Foco

A terapia de foco consiste em ter essa sensação em seu corpo sempre que você se lembrar de experiências traumáticas - focar nessa sensação no corpo para que ela forme uma imagem. Essa imagem pode então ser usada para dizer onde o trauma está preso e como lidar com ele.

Terapia Gestalt

A terapia Gestalt tem muito a ver com a concentração no aqui e agora. Ela pretende fazer com que a pessoa pare de pensar constantemente apenas no passado. Ela incentiva a pessoa a estar ciente dos sentimentos e emoções que está tendo no momento e aconselha como ela pode relacionar isso aos sintomas físicos. Há várias formas de terapia Gestalt que discutirei em mais detalhes posteriormente.

Terapia de Imagens Guiadas

"Imagine que você está em uma praia e as ondas estão batendo em seus pés." Todos nós já ouvimos esse tipo de frase para fazer as pessoas relaxarem. Essa é a terapia de imagens guiadas: Ela usa imagens para ajudar as pessoas a se libertarem da angústia mental e do estresse.

Atenção Plena

Atenção Plena é a prática da consciência dos pensamentos e sentimentos à medida que eles aparecem, sem julgar esses pensamentos.

Psicodrama

O psicodrama funciona com base no fato de que permite que a pessoa diga ou faça o que for necessário para que ela se cure do trauma. Isso envolve reviver o trauma, para o qual várias técnicas podem ser aplicadas. Discutirei isso em mais detalhes posteriormente neste livro.

Psicoterapia Senso-motora

Esse aspecto da psicoterapia está centrado no corpo e em como ouvi-lo e compreendê-lo pode ajudar a curar nosso trauma.

Experiência Somática

A experiência somática também consiste em colocar o corpo no centro - especificamente o sistema nervoso - e ouvir o que ele está dizendo e responder de acordo.

Terapia da Dança/Movimento

Como você pode imaginar pelo nome, essa forma de terapia usa o movimento, geralmente a dança. A sugestão é que a pessoa possa se expressar por meio da dança e do movimento de uma forma que nunca conseguiu verbalmente; fazer isso pode ajudar a curar problemas de saúde mental.

ATENÇÃO PLENA E
EXPERIÊNCIA SOMÁTICA

ATENÇÃO PLENA SOMÁTICA

A atenção plena somática é uma parte vital da terapia somática. A consciência do seu corpo e do que ele está fazendo no aqui e agora é uma grande característica da terapia somática – não como o seu corpo estava se sentindo no passado ou se sentirá no futuro. Muitos de nós não ouvimos nossos corpos e ficamos alheios ao que eles estão tentando nos dizer. Você tem a capacidade de se desligar do que o sistema nervoso está lhe dizendo. Ele pode estar dizendo para você se sentir ansioso, defensivo ou sobre-carregado – qualquer que seja o comportamento com o qual você subconscientemente se sinta mais confortável – mesmo que, na realidade, isso o deixe desconfortável.

A atenção plena começou como um conceito budista. Em seguida, desenvolveu-se lentamente ao longo dos séculos, tornando-se algo que os terapeutas e médicos ocidentais usam com frequência para ajudar na saúde mental.

Andrea Bell conta um excelente exemplo de sua experiência em terapia. Trata-se de uma paciente com um histórico desafiador em que não confiava em ninguém. Depois de algumas sessões com ele, por motivos que não tinham nada a ver com a paciente, ela trocou a mobília de seu escritório por uma mobília mais confortável, a seu ver. No entanto, quando ele entrou e se sentou na nova cadeira, mais confortável e luxuosa, ficou imediatamente desconfiado, perguntando a Andrea por que ela havia mudado a mobília e se estava fazendo isso de propósito para mexer com a cabeça dele. Depois que Andrea explicou os reais motivos da mudança, o garoto relaxou e desfrutou do conforto da nova cadeira. Isso mostra como, muitas vezes, somos ditados por nossos comportamentos e experiências do passado e nos esquecemos de aproveitar o presente e usá-lo para sugerir como será o futuro. Nesse caso, o garoto presumia que as sensações da terapia com Andrea não dariam certo. Andrea então trabalhou com o garoto para distinguir as sensações físicas que ele sentia quando entrava na sala. Assim, ele poderá observar essas reações na próxima vez que as tiver, aprender a ouvi-las e pensar se essa é a resposta mais adequada. Quanto mais ele fizer isso, mais sua reação inicial à mudança se acalmará e, aos poucos, deixará de parecer uma ameaça (Bell, 2018).

Outro aspecto da atenção plena é que ela nos ensina a parar de nos julgar. Em vez de pensar em algo que dissemos ou fizemos de errado no passado enquanto vivemos nosso dia a dia, a atenção plena nos ensina a não nos julgarmos tão severamente. Ela nos ajuda a tentar não nos preocuparmos com coisas do passado, mas a nos concentrarmos e aproveitarmos apenas o presente.

Sabemos que isso pode funcionar. Se você já estudou atletas antes de uma corrida, verá que eles passam por vários movimentos e rituais. Tudo o que eles estão fazendo é praticar a atenção plena para estar bem e verdadeiramente no momento presente e, portanto, relaxados e calmos - sem ter aqueles pensamentos duvidosos e ansiosos passando pela mente e transparecendo no corpo por meio da tensão muscular. Aqueles que praticam mais a atenção plena geralmente são os que vencem a corrida.

Há muitas evidências que comprovam o sucesso da atenção plena no auxílio a muitos problemas. Ela pode ajudar a reduzir a procrastinação. Um estudo mostrou que os participantes de um curso intensivo de meditação apresentaram muita melhora na procrastinação em comparação com os que não participaram do curso (Chambers et al., 2008). Há também vários estudos que proclamam a redução do estresse e da ansiedade como resultado da prática da atenção plena. Um estudo de 2010 concluiu que a atenção plena tratou com eficácia o estresse, a ansiedade e outros possíveis problemas de humor (Hoffman et al., 2010).

E não para por aí. Um estudo de 2009 sugeriu que a atenção plena pode melhorar muito sua atenção e seu foco. As pessoas que participaram de testes específicos tiveram um desempenho muito melhor do que aquelas que não praticaram a atenção plena (Moore & Malinowski, 2009).

Além disso, um estudo de 2007 mostrou que as pessoas que praticaram a atenção plena lidaram muito melhor com imagens perturbadoras ou emocionalmente indutoras do que aquelas que não praticaram a atenção plena. O estudo concluiu que a atenção plena pode reduzir o impacto de coisas que tendem a provocar uma resposta emocional (Ortner et al., 2007).

Ao que parece, a atenção plena tem um bom impacto não

apenas em você, mas também em seu relacionamento com os outros. Um estudo de 2007 descobriu que as pessoas que praticavam a atenção plena eram muito mais capazes de lidar com o tipo de conflito que surge nos relacionamentos românticos; tinham maior probabilidade de estar em um relacionamento feliz e satisfatório; e as que praticavam a atenção plena conseguiam se comunicar melhor do que as que não a praticavam (Barnes et al., 2007).

Um dos subprodutos da atual pandemia e dos muitos *lockdowns* que estão ocorrendo em todo o mundo é que isso resultou em muito estresse e ansiedade. Tornou-se quase impossível aproveitar o presente porque nos preocupamos constantemente com o que está por vir. Entretanto, a atenção plena somática é algo que pode ser introduzido com facilidade em sua rotina diária; portanto, você pode reduzir o estresse e a angústia que pode estar sentindo. Não é algo que ocupará todo o seu dia. Tudo o que você precisa é de 20 a 30 minutos em algum momento do seu dia para relaxar e fazer um balanço de si mesmo e do mundo ao seu redor. Você pode estar fazendo outras coisas enquanto inicia a prática da atenção plena. Você pode escovar os dentes e pensar nos pés firmes no chão, na sensação da escova de dentes na mão e nos dentes e no movimento do braço para cima e para baixo ou de um lado para o outro enquanto escova.

Muitas pessoas têm máquinas de lavar louça hoje em dia, mas eu não sou uma delas. Um bom efeito colateral é que posso praticar a atenção plena enquanto lavo a louça. Posso me concentrar na sensação da água com sabão em minhas mãos e nos sons dos talheres contra a louça. Lavar a louça é uma ótima maneira de perceber as imagens e os sons e aumentar sua consciência. Se estiver guardando as roupas limpas, reserve um momento para cheirá-las e senti-las. Você pode até respirar fundo e ficar atento à sua respiração enquanto dobra e guarda as roupas. Se você é um rato de academia (ou apenas um frequentador ocasional de academia), tente correr na esteira em vez de olhar para a TV em sua próxima visita. Em vez de ouvir uma batida forte nos fones de ouvido, tente se concentrar na sensação dos seus pés na esteira enquanto se movimenta. Concentre-se em sua respiração e em como ela se acelera à medida que seu ritmo na esteira aumenta.

Com isso em mente, como você prática especificamente a meditação da atenção plena? Bem, a primeira coisa é se sentir confortável. Encontre o assento mais confortável de sua casa ou, se preferir, sente-se no chão. Não ria: Conheço algumas pessoas que preferem sentar-se no chão a sentar-se em uma cadeira. Onde quer que se sente, você precisa manter as costas retas, mas não tão rígidas. Você deve ser capaz de ficar relaxado. O local escolhido deve ser o mais silencioso possível, pois não deve haver nenhum ruído que o distraia. Você deve usar roupas o mais confortável possível - nem muito folgadas nem muito apertadas, pois não quer nada que o distraia da meditação. Para começar, talvez você queira ver se consegue meditar completamente por cinco minutos, depois tente por 10 minutos, depois por 15 ou 20 minutos e, finalmente, por 30 minutos.

Para começar, concentre-se em sua respiração. Fique atento à sua respiração. Observe a sensação de seu diafragma se movendo para dentro e para fora. Observe o ar entrando e saindo de suas narinas e boca. Você pode até detectar a queda de temperatura quando solta a respiração em comparação com a inspiração.

O objetivo da meditação consciente não é necessariamente interromper completamente seus pensamentos, mas estar ciente deles e observá-los à medida que ocorrem. Você não precisa tentar ignorá-los ou suprimi-los, mas observá-los e manter a calma, usando a respiração para impedir que a mente fuja com você. Você deve anotar cada pensamento e deixá-lo ir embora, como produtos de fábrica em uma esteira transportadora. Você pode fazer isso quantas vezes precisar durante a meditação.

Se perceber que sua mente está indo em direções diferentes e começar a se sentir ansioso ou em pânico, anote seus pensamentos e o que causou o estresse. Em seguida, volte à respiração - respirações profundas e lentas. Não se julgue se isso acontecer com frequência. Há tantos aparelhos e artifícios para nos distrair no mundo moderno. Simplesmente não estamos acostumados a ficar quietos, no presente e conscientes, portanto, não seja duro consigo mesmo. A atenção plena tem tudo a ver com voltar à respiração e concentrar-se em viver o momento.

Como você pode ver, é fácil praticar essa atenção plena em casa. Não é necessário estar no consultório de um terapeuta para praticá-la. Se estiver com dificuldades, há milhares de vídeos no YouTube e muitos aplicativos que podem ser baixados para ajudá-lo com sua prática.

EXPERIÊNCIA SOMÁTICA

Peter Levine desenvolveu a experiência somática (ES) especificamente para lidar com pessoas que sofrem de trauma. Levine se inspirou depois de ver animais que são frequentemente atacados se recuperarem rapidamente de qualquer ataque em potencial. Eles passavam por um processo físico para liberar a energia nervosa acumulada durante a ameaça. Levine sugeriu que os seres humanos não têm essa liberação física; o trauma permanece em suas mentes e leva a pensamentos de ansiedade, constrangimento e muitos outros sentimentos perigosos. A liberação que Levine acredita que a natureza exige não ocorre esporadicamente nos seres humanos. A experiência somática é a resposta para isso - ela ajuda os seres humanos a processarem o trauma que sofreram e que ficou preso dentro deles (Osadchey, 2018).

O sistema nervoso do ser humano entra em ação sempre que nos encontramos em uma situação perigosa, decidindo nossa resposta de luta, fuga e congelamento. Ele faz isso quase instintivamente, sem que precisemos pensar. No entanto, o problema é que quando alguém passa por uma experiência traumática, especialmente se essa experiência estiver encoberta e não for liberada, o sistema nervoso pode começar a se tornar desordenado. Ele começa a se comportar como se a pessoa estivesse constantemente sob ameaça de ataque - toda situação se torna potencialmente traumática. A experiência somática acredita que enterrar o trauma resulta no tipo de sintomas que vemos com frequência, como ansiedade, vergonha e constrangimento. Se o corpo tiver a oportunidade de processar de fato a experiência traumática pela qual passou, esses sintomas não se manifestarão a longo prazo. A experiência somática tem muito a ver com fazer com que o corpo e o sistema nervoso, mais uma vez, se autorregulem e encontrem harmonia e equilíbrio no corpo.

A experiência somática se concentra nos sentimentos e nas sensações que ocorrem no corpo, tomando consciência deles e compreendendo-os. Isso pode ser bastante intimidador para muitas pessoas, pois elas nunca pensaram em seu corpo dessa forma; no entanto, pode ser muito gratificante. Depois de se acostumar com esses sentimentos e sensações, você pode começar a anotá-los e, quando eles ocorrerem no futuro, você pode evitar que sua mente os suprima. É aqui que a harmonia entre o cérebro e o corpo entra em ação para permitir a liberação física do trauma de que você precisa para se curar.

Como em toda terapia de cura somática, as pesquisas e evidências nessa área ainda são novas, portanto, não há provas conclusivas. Ainda assim, as evidências científicas de que a SE afeta positivamente as pessoas que sofreram traumas estão aumentando. Embora um estudo de 2017 tenha usado apenas uma pequena amostra de pessoas, ele descobriu que a SE é um tratamento eficaz - especificamente para pessoas com TEPT (Brom et al, 2017).

Aqui estão alguns exercícios de experiência somática simples e fáceis de fazer para você fazer em casa. Você deve começar a ver se essa forma de terapia é adequada para você e se faz uma diferença positiva. Seria melhor se você tentasse fazer pelo menos um minuto de exercício - de preferência, bem mais do que isso.

- **1:** Sente-se em sua cadeira confortável favorita e observe a sensação de tudo. Pense em como seus pés estão plantados no chão; mova-os para um lado e para o outro até sentir que o chão é apenas uma extensão de seus pés. Em seguida, pense em como suas costas e bumbum se sentem na cadeira ou como a cadeira os apoia. Se você estiver inclinado para a frente na cadeira, certifique-se de inclinar-se para trás e permitir que a cadeira o apoie. Movimente-se na cadeira até atingir sua zona de conforto ideal. Reserve algum tempo para apreciar o conforto da cadeira, a maneira como ela o apoia e a maneira como o piso apoia seus pés. Dê uma olhada ao redor da sala e do lado de fora da janela, se necessário, e procure algo que o acalme e o faça se sentir feliz - pode ser um quadro pendurado na parede ou as próprias paredes. Podem ser as árvores e os arbustos do lado de fora; talvez os pássaros estejam cantando e brincando neles. Talvez seja o carpete no chão. Seja o que for, reserve um tempo para apreciá-los e desfrutar dos sentimentos que eles trazem. Agora que você já fez tudo isso, como se sente em relação ao seu conforto, tanto físico quanto emocional? Se dedicar algum tempo a esse exercício, ele realmente pode fazer a diferença para acalmar seu sistema nervoso e trazer um pouco de harmonia para seu corpo e suas emoções.

- **2:** Para o segundo exercício, reserve um momento para observar tudo - tudo o que está ao seu redor e como está se sentindo. Em seguida, pegue sua mão direita e coloque-a logo abaixo da axila esquerda, segurando a lateral do peito. Agora, pegue a mão esquerda e coloque-a no bíceps, cotovelo ou ombro direito - o que for mais fácil. Nesse momento, reserve um tempo para pensar em como você se sente. Seu corpo está frio ou quente sob suas mãos? Suas roupas são macias ou têm um tecido mais áspero? Há mais alguma coisa que esteja percebendo? Talvez você sinta seu coração batendo; talvez esteja consciente de sua respiração. Você acha que isso é satisfatório? É reconfortante envolver suas mãos em seu corpo dessa forma? Depois, veja como o resto do seu corpo reage a esse tipo de toque físico. Tente a mesma coisa com suas pernas. Agora, compare o que você percebe sobre o ambiente ao seu redor e como seu corpo se sente com o que você observou no início do exercício. Em momentos de ansiedade ou estresse, esse tipo de exercício pode trazer de volta algum conforto e paz ao seu corpo por meio do toque físico.

- **3:** Um dos melhores exercícios é lembrar-se de uma ocasião em que alguém lhe demonstrou bondade. Mesmo nos mundos e nas vidas mais difíceis, há pelo menos uma pessoa que, em algum momento, nos mostra bondade. Se tivermos sorte, haverá muitas pessoas ao longo de nossa vida. Tente se lembrar dos momentos em que alguém demonstrou sua bondade para com você. Lembre-se das palavras que ela disse, dos gestos com as mãos, das expressões faciais e de tudo o que fez parte desse ato de bondade. Ao se lembrar desse momento, observe como seu corpo reage a essa lembrança - tudo o que você está vendo, ouvindo e sentindo. É quase como se você tivesse se transportado de volta no tempo para aquele exato momento. Agora, compare o que sentiu na época com o que está sentindo agora ao se lembrar da experiência. Se alguma lembrança negativa surgir como resultado dessa recordação, tente colocá-la em uma pasta imaginária e concentre-se apenas na lembrança do ato de bondade. No final do exercício, observe como está se sentindo agora, como seu corpo está se sentindo e como se sente em relação ao ambiente ao seu redor. Essa é uma excelente maneira de se acalmar e lembrar que nem todos querem prejudicá-lo. Você não precisa se sentir estressado por causa de uma situação de risco. Você não precisa se estressar com todas as pessoas com quem entra em contato; há pessoas gentis por aí prontas para serem gentis com você.

- **4:** Como no início da maioria desses exercícios, primeiro, observe o ambiente ao seu redor e seus sentimentos e emoções em geral. Em seguida, tente se lembrar das últimas 24 horas (ou mais, se necessário) em que você se sentiu verdadeiramente você mesmo ou a pessoa que deseja ser. Lembre-se desse momento com o máximo de detalhes possível. Relembre esse momento com o máximo de detalhes possível - quase como se estivesse vivendo-o novamente. Anote o que sentiu durante esse momento e o que estava ocorrendo com seus cinco sentidos. Em seguida, lembre-se novamente de quando foi a última vez que se sentiu mais parecido consigo mesmo ou com a pessoa que deseja ser, mas, desta vez, nas últimas semanas. Novamente, tente recordar o máximo de detalhes possível, como se estivesse passando por isso novamente, e observe como seu corpo se sentiu durante esse momento. Então, como de costume, no final do exercício, veja como você se sente em relação ao ambiente, aos sentimentos gerais e às emoções em comparação com o que sentiu no início. Esse exercício é bom para trazê-lo de volta a si mesmo, longe de toda a confusão e loucura que às vezes você sente no mundo.

- **5:** Este exercício envolve fazer alguns ruídos vocais, portanto, talvez seja aconselhável ir a um lugar onde você esteja realmente sozinho antes de realizar este exercício. Como sempre, comece observando o ambiente ao seu redor e suas emoções e sentimentos em geral. Em seguida, considere o tipo de som que uma corneta produz. Respire fundo e tente emitir o som de uma corneta. O som precisa ter um tom baixo o suficiente para que você o sinta reverberar em seu corpo. Veja até onde consegue senti-lo em seu corpo - talvez até a parte inferior da barriga e, possivelmente, até as coxas. Ao sentir o som terminar (geralmente descrito como o som "voo"), deixe que a próxima respiração ocorra naturalmente. Não há necessidade de apressar a respiração. Se você se sentir confortado e em harmonia, mantenha essa sensação. No entanto, para algumas pessoas, fazer o som da corneta pode ter um efeito perturbador, portanto, se esse for o seu caso, volte a um dos outros exercícios para recuperar o senso de harmonia. Se você achou o som da corneta reconfortante, tente novamente. Você se sente ainda mais reconfortado e em harmonia? No entanto, eu não sugeriria fazer o som mais de três vezes. Assim como no final dos outros exercícios, como você se sente agora? Compare-o com o que você sentiu no início do exercício. Esse pode ser um excelente exercício para ajudar a estabilizar o núcleo do corpo. Como o som reverbera em torno do seu corpo, isso pode ajudar os músculos a relaxar e liberar qualquer tensão que possa estar sentindo.

3

O PODER DE CURA DA RESPIRAÇÃO—TRABALHO DE RESPIRAÇÃO SOMÁTICA

Todos nós consideramos a respiração algo natural. Acontece que não precisamos pensar nisso, mas isso é parte do problema. Não estamos respirando tão profundamente quanto deveríamos; nossos diafragmas estão ficando tensos e não estão relaxados. Ao nos concentrarmos na respiração, cuidamos de nós mesmos, tanto física quanto mentalmente. Podemos controlar nossa respiração; respiraremos no ritmo que escolhermos. Quando respiramos, também temos a oportunidade de estar cientes de nosso corpo e de como ele está se sentindo.

Acredita-se que a respiração afeta significativamente a pressão arterial, a frequência cardíaca e a capacidade das artérias de permitir que o sangue flua através delas. Não é de se admirar que nossa respiração seja uma das primeiras coisas a sair do controle quando estamos ansiosos ou estressados. Acredita-se também que respirar profundamente pode nos deixar com um humor muito melhor. As pessoas também relataram ter uma noite de sono melhor, com menos ocorrências de despertares durante a noite. No entanto, isso depende;

fazer apenas um minuto aqui ou ali terá muito menos impacto do que fazer 30 minutos de respiração profunda dia após dia. Os resultados da redução da pressão arterial permaneceram eficazes um mês depois para aqueles que conseguiram manter a regularidade. Talvez seja senso comum, mas respirar mais oxigênio faz com que o oxigênio flua através das células sanguíneas e dos tecidos nervosos. Para aqueles que participaram da respiração profunda, foi relatado que a utilização de oxigênio aumentou em 37% (Hadley, 2017). Um estudo de 2017 também constatou que a pressão arterial foi reduzida com a respiração profunda em pessoas com hipertensão (Janet & Gowri, 2017). Um estudo de 2019 apoiou a teoria de que a respiração lenta e profunda era uma ferramenta melhor para combater a insônia do que a hipnose ou algumas opções farmacêuticas (Jerath et al., 2019).

Como em toda terapia somática, a respiração somática tem tudo a ver com a observação do nosso corpo e de como ele funciona. Trata-se de prestar atenção à sensação do estômago e da barriga se contraindo para dentro e para fora e à área das costelas e do tórax enquanto você respira. Por meio da respiração somática, você também se torna muito mais consciente da mandíbula, da garganta, do diafragma e dos ombros no movimento e na movimentação da respiração. Se nos concentrarmos na respiração e no que o nosso corpo está fazendo, paramos de ter a mente acelerada com todas as suas preocupações e inquietações. Começamos a viver verdadeiramente o momento presente e paramos para cheirar as rosas - ou respirar o aroma.

Você pode realizar a respiração somática sentado ou deitado de costas. Você está ciente das respirações que faz. Isso não é o mesmo que a respiração involuntária normal, que acontece sem que você sequer pense nisso. Não há intervalo entre a inspiração e a expiração, e a respiração pode ocorrer pelo nariz ou pela boca. Esse tipo de respiração deve permitir que você libere parte da tensão física interna. Quando você aprende a respirar usando o diafragma e a relaxar ao expirar, isso tem o potencial de liberar sentimentos e emoções muito mais profundos. Falarei sobre a respiração pelo diafragma mais adiante neste capítulo.

Embora a respiração somática possa ser útil para quem sofre de TEPT, a respiração pode ser um dos fatores que desencadeiam os sintomas do estresse pós-traumático (TEPT). Se você tem TEPT e está pensando em investigar o trabalho de respiração, precisa tomar cuidado extra e lembrar-se de que isso é por sua conta e risco e que você é responsável por sua própria saúde e bem-estar. Se tiver alguma dúvida, procure a ajuda de um profissional médico.

Aqui está um exercício de respiração simples para você seguir:

- Respire normalmente. Você deve perceber que deseja respirar mais profundamente, como se estivesse suspirando.
- Expire. Isso deve durar de seis a oito segundos e você deve expirar quase completamente.
- Mantenha-se gentilmente imóvel, de modo que esteja prendendo a respiração.
- Nesse momento, concentre-se na sensação de precisar respirar novamente. Qual é essa sensação física e onde a está sentindo no corpo. Permaneça nessas sensações e sentimentos por um momento.

- Quanto mais interesse você tiver nesses sentimentos e sensações, mais você perceberá que consegue prender a respiração.
- Quando a necessidade de inspirar novamente se tornar óbvia, observe a sensação e note que você pode ceder a ela ou continuar prendendo a respiração por mais alguns segundos. Depois, volte a inspirar quando quiser. Assim, agora você está controlando sua respiração - não o subconsciente.
- Repita esse exercício por cinco minutos.

Talvez você já tenha ouvido falar do diafragma, mas prova-velmente nunca prestou atenção a ele ou não sabe exatamente o que é ou onde está. Bem, o diafragma é um músculo impor-tante que existe logo abaixo da área dos pulmões e ajuda a garantir que o ar entre e saia dos pulmões. De fato, o diafragma é usado em 80% da respiração. A respiração é muito mais eficiente quando o diafragma está sendo usado do que quando outros músculos são utilizados (*Diaphragmatic Breathing Exercises, n.d.*). Quando uma pessoa inspira, o diafragma se contrai e se dirige para baixo, ao passo que quando uma pessoa expira, o diafragma se solta e se dirige para cima, ajudando a empurrar o ar para fora dos pulmões. Considerando que um ser humano médio respira 23.000 vezes por dia, o que equivale a oito milhões por ano, podemos ver como o diafragma é um músculo importante (*Diaphrag-matic Breathing: Everything, n.d.*).

Quando respiramos sem pensar, raramente usamos a capa-cidade total dos pulmões e isso é conhecido como respiração superficial. Entretanto, a respiração diafragmática utiliza a respiração profunda para fazer uso total dessa capacidade. Às vezes, ela também pode ser conhecida como "respiração pela barriga". Isso se deve ao fato de que ela faz uso total do estômago e dos músculos abdominais, bem como do diafragma a cada respiração. Isso envolve mover conscientemente o diafragma para baixo ao inspirar, garantindo que os pulmões se encham de ar com muito mais eficiência. A pessoa deve perceber que o estômago está se movendo para cima e para baixo; ela deve sentir o estômago sendo contraído e relaxado, em vez de apenas senti-lo no peito e nos ombros, como acontece com a respiração superficial.

Se quiser verificar se tende a respirar com o diafragma ou com o tórax, coloque a mão direita sobre o tórax e a mão esquerda sobre o estômago e respire. Se a mão direita se elevar primeiro, você está usando o tórax para respirar. Se a mão esquerda se elevar primeiro, você está usando o diafragma. Percebi que, quando estou debruçado sobre minha mesa em casa com o laptop e paro para fazer esse teste, é a minha mão direita que se levanta primeiro. Se eu me sentar direito em minha cadeira, a mão esquerda se levanta primeiro. A quantidade de tempo que as pessoas passam sentadas em posições com má postura é uma preocupação de médicos e cientistas. Ela causa sintomas como dores nas costas e faz com que a pessoa use uma respiração superficial. Isso impede a entrada de oxigênio suficiente no corpo. Não é de se admirar que eu tenha a tendência de ficar um pouco tonto depois de um tempo quando estou debruçado sobre meu computador.

Você só precisa praticar a respiração diafragmática por até 10 minutos e, idealmente, isso deve ser feito de três a quatro vezes ao longo do dia. Você deve conseguir encontrar um momento em casa para se deitar e praticar a respiração. Tente encontrar um lugar livre de distrações, portanto, fique longe da TV e deixe seu smartphone em outro cômodo. Deixe seu parceiro/filhos/animais de estimação em um cômodo separado. Você quer ter certeza de que não terá interrupções enquanto realiza os exercícios de respiração. Como em todas as técnicas somáticas, concentre-se no que o seu corpo está sentindo enquanto você experimenta a respiração.

Se achar útil, você pode definir um alarme para saber quando deve fazer uma pausa e realizar os exercícios. Muitas vezes é útil lembrar que você está sempre respirando, portanto, não se trata exatamente de sair do seu caminho para fazer algo; você já está fazendo isso - só precisa se concentrar e perceber.

Há muitas versões diferentes de respiração diafragmática, mas para realizar a versão mais básica, você precisa fazer o seguinte:

- Encontre uma superfície plana na qual possa se deitar. Acredito que, para a maioria das pessoas, isso provavelmente será o chão. Coloque um travesseiro ou almofada sob a cabeça e também sob os joelhos. Os travesseiros e as almofadas não são essenciais, mas se você os tiver, é bom usá-los, pois ajudarão a manter o corpo na posição mais confortável possível.
- Coloque uma mão na parte superior do peito, na área central.
- Coloque a outra mão na barriga, logo abaixo da caixa torácica, mas acima do diafragma.
- Inspire somente pelas narinas, puxando o ar para baixo em direção ao estômago. O estômago deve

se mover para cima em direção à resistência de sua
mão, enquanto o movimento do tórax deve ser
limitado.

- Expire pela boca, mas não abra totalmente a boca.
  Mantenha seus lábios bem juntos. O estômago
  deve relaxar e voltar para dentro e, novamente, não
  deve haver nenhum movimento no tórax.

Como tudo que é novo, a respiração diafragmática pode
parecer estranha no início, ou pode parecer um trabalho
árduo. Entretanto, como em qualquer outra coisa na vida,
quanto mais você praticar, mais fácil ficará. Talvez você queira
contar um número em sua cabeça a cada respiração. Às vezes,
isso pode ajudar a pessoa a relaxar ainda mais e a saber
quantas respirações você completou. Também pode ajudar a
evitar que você se distraia com muita facilidade.

Como tudo que é novo, a respiração diafragmática pode
parecer estranha no início, ou pode parecer um trabalho
árduo. Entretanto, como em qualquer outra coisa na vida,
quanto mais você praticar, mais fácil ficará. Talvez você queira
contar um número em sua cabeça a cada respiração. Às vezes,
isso pode ajudar a pessoa a relaxar ainda mais e a saber
quantas respirações você completou. Também pode ajudar a
evitar que você se distraia com muita facilidade.

Quando você sentir que dominou a respiração deitada,
pode passar a praticá-la sentada ou até mesmo em pé. Isso
aumenta a oportunidade de quando e onde você pode praticar. Isso significa que você pode praticá-lo sentado em sua
mesa de trabalho, em pé em uma fila, assistindo à TV, sentado
em um ônibus ou qualquer coisa que possa imaginar. Uma vez
que você consiga praticar com sucesso a postura sentada e em

pé, abre-se um mundo totalmente novo de oportunidades e chances para você realizar sua prática. Tome cuidado para que, ao fazer isso, você garanta que sua cabeça, pescoço e ombros se movam o mínimo possível quando estiver sentado ou em pé. Não seja duro consigo mesmo se as coisas não estiverem indo exatamente como você esperava ou se a respiração não parecer estar funcionando. Isso é prática. Quanto mais você fizer isso e se acostumar, melhor ficará e se sentirá confortável. Ninguém mais o está julgando pelo seu desempenho, portanto, não se julgue. Você chegará lá com muita prática. Você também precisa continuar praticando regularmente. Seu corpo tem a memória de um peixinho dourado e não de um elefante quando se trata de respiração diafragmática, portanto, ele não se lembrará de quando você fez isso no passado. Você precisa continuar praticando regularmente para que ela tenha efeito.

Por que você quer praticar a respiração diafragmática? Bem, para começar, o diafragma é um músculo, portanto, você está fortalecendo esse músculo apenas com esse exercício. Só isso já faz valer a pena, mas outros benefícios citados incluem o fortalecimento do núcleo e a redução da frequência cardíaca e da pressão arterial (Johnson, 2020).

A grande vantagem da respiração diafragmática é que há cada vez mais evidências que sugerem que ela pode ajudar positivamente a aliviar o estresse e a ansiedade. Um estudo de 2017 observou que ela reduziu os hormônios do estresse no corpo, portanto, potencialmente também reduziu os sentimentos de estresse e ansiedade de uma pessoa (Ma et al., 2017). Isso foi ainda mais solidificado por uma revisão de 2019 de estudos e evidências que concluíram que a respiração diafragmática pode ser usada como uma ferramenta para a redução do estresse (Hopper et al., 2019).

Entretanto, suponhamos que alguém com ansiedade tente a respiração diafragmática e ache que não funciona. Nesse caso, isso pode deixá-la mais ansiosa, portanto, sempre procure a ajuda de um profissional médico antes de iniciar esses tipos de exercícios.

4

FORTALEÇA-SE
COMPREENDENDO O TEPT E
O TRAUMA DE APEGO

O transtorno de estresse pós-traumático (TEPT) pode ocorrer em indivíduos após terem vivido ou participado de um evento traumático. O TEPT geralmente ocorre quando as pessoas se envolvem em eventos realmente terríveis e não apenas em ocorrências traumáticas menores. Também é justo dizer que o fato de uma pessoa sofrer um trauma não significa que ela desenvolverá TEPT. Isso depende de cada indivíduo. Os sintomas de TEPT podem incluir flashbacks, incapacidade de pensar em qualquer coisa que não seja o evento e ansiedade em um nível muito sério. Às vezes, esses sintomas podem ocorrer em um mês após o evento; às vezes, ocorrem vários anos após o evento.

O transtorno de estresse pós-traumático complexo (CPTSD) é mais bem compreendido quando uma pessoa que sofre de TEPT apresenta sintomas adicionais após um evento traumático. Pode ser difícil manter suas emoções sob controle; pode ser que você sinta muita raiva do mundo; pode ser difícil confiar em alguém ou em alguma coisa; pode ser que você sinta que algo está faltando ou que não vale nada e que ninguém mais no mundo poderia entender você ou o que você está sentindo. Tudo isso pode levá-lo a se dissociar de relacionamentos ou amizades e pode causar dor física, inclusive dores de cabeça e no peito. O TEPT complexo inclui flashbacks como o TEPT, mas são flashbacks mais emocionais, de modo que você não apenas revive o evento em si, mas todas as emoções que sentiu na época. Em seguida, você exibe esses sentimentos no presente, mesmo que o flashback esteja causando essas emoções.

O trauma de apego que ocorre no início da vida de uma criança, geralmente em decorrência de negligência e abuso, pode ter origem em algo como a separação de um cuidador devido a problemas médicos ou morte. Nem sempre o trauma de apego é imediatamente atribuído aos pais, sendo a culpa do trauma dos pais. O trauma pode vir de muitas direções e pessoas diferentes, portanto, devemos levar isso em consideração. Como não conseguimos nos lembrar de memórias anteriores aos quatro ou cinco anos de idade, achamos que não conseguimos nos lembrar dos eventos traumáticos. No entanto, nosso cérebro e nosso corpo se lembram deles, mesmo que nossa memória não consiga. Esses sentimentos e emoções podem ocorrer mais tarde na vida. O trauma geralmente se manifesta em coisas como medo de relacionamentos, um constante sentimento de vergonha ou de que a pessoa não é digna do amor de outra pessoa. Como a pessoa pode não se lembrar do motivo pelo qual isso ocorreu, pode ser muito mais difícil tratá-lo do que alguns outros traumas.

Como mencionei anteriormente, nem todo mundo desenvolverá TEPT, TEPTC ou trauma de apego em decorrência de eventos traumáticos. Alguns sofrerão traumas menores e outros não sofrerão nada, embora se estime que 70% dos adultos nos Estados Unidos tenham sofrido um evento traumático em algum momento de suas vidas (Eckelkamp, 2019). O trauma não é algo que acontece apenas com outras pessoas; é provável que todos nós o enfrentemos em nossas vidas. Mesmo os traumas gerais precisam ser tratados; caso contrário, podem resultar em problemas mentais e físicos. O trauma pode ser definido como qualquer coisa que nos faça ficar presos em um padrão físico, emocional ou comportamental (Cutler, n.d.). O processamento e a superação do trauma geralmente acabam sendo interrompidos; portanto, o trauma acaba sendo armazenado em nosso corpo e nunca o liberamos de fato. O trauma armazenado muitas vezes pode levar à dor física e à angústia psicológica que a acompanha.

É aí que entram a cura e a terapia somáticas. Coisas como respiração profunda, experiência somática e movimento podem ajudar a aliviar esse trauma preso em seu corpo à medida que você começa a liberar a tensão de forma suave e lenta. Talvez esses métodos permitam que seu cérebro processe as coisas que há muito tempo foram relegadas à "lixeira" do cérebro"

É um ciclo triste o fato de que a deficiência e a doença crônica podem causar traumas de curto e longo prazo, mas, depois, aqueles que sofrem traumas, se não forem tratados corretamente, acabam desenvolvendo condições e sintomas físicos. Portanto, alguém que desenvolve uma doença crônica também pode ser traumatizado por ela, o que, por sua vez, se não for capaz de liberar esse trauma, pode acabar fazendo com que se sinta ainda mais doente e desenvolva mais dor física.

Quando as pessoas recebem o diagnóstico de uma deficiência ou doença crônica, esse pode ser um evento muito traumático. É provável que todos os tipos de sentimentos esmagadores estejam passando pela pessoa e, como as pessoas começam a falar sobre o tratamento ou as próximas etapas, nem sempre a pessoa tem a chance de processar esse trauma. É preocupante a estimativa de que entre 12% e 25% das pessoas que desenvolvem doenças com risco de morte venham a desenvolver TEPT (Virant, 2019). Não é de surpreender que as pessoas que passam por esse tipo de experiência geralmente desenvolvam medo de hospitais ou médicos. O mais preocupante é que isso pode se transformar em uma desconfiança total em relação aos médicos e em um desejo de evitar ter qualquer coisa a ver com a doença. Por exemplo, o indivíduo afetado começa a "esquecer" de tomar seus medicamentos ou de comparecer às consultas. A deficiência e a doença crônica geralmente fazem com que a pessoa questione seu lugar no mundo e o que sempre acreditou ser verdade. Isso a faz pensar na morte, em como todos nós somos vulneráveis e em como acreditamos que podemos ser indefesos. Tendo que passar por emoções e experiências como essas, não é de surpreender que as pessoas com doenças e deficiências desenvolvam traumas.

Como mencionei quando comecei a discutir o TEPT, os relacionamentos são, com muita frequência, uma das coisas gravemente afetadas por quem sofre de trauma. É compreensível que uma pessoa que sofre de trauma tenha dificuldade em formar relacionamentos duradouros. Ela pode sentir que o perigo está em cada esquina, e confiar em novos amigos ou em velhos amigos pode se tornar excepcionalmente difícil. A raiva que uma pessoa pode sentir por perder o controle sobre a vida que acredita ter perdido ou a impotência que sente pode estar ligada à doença crônica. Isso pode levar o indivíduo a atacar as pessoas próximas a ele. A pessoa se sente ameaçada por todos e, portanto, ataca e se torna um mecanismo de defesa. Eles não podem machucá-lo se você os machucar primeiro.

Dependendo do tipo de trauma pelo qual a pessoa está passando e de sua experiência traumática, ela pode ter sentimentos de vergonha, sentir que não é digna do amor de outra pessoa ou sentir-se totalmente inamável. Ela pode até se sentir culpada pelo que aconteceu, achando que, de alguma forma, o evento foi culpa dela ou que ela mereceu o ocorrido, em vez de perceber que a culpa é do agressor. Depois de passar por esses eventos traumáticos, a pessoa acredita que ninguém mais pode entendê-la e, por isso, passa por esse fardo sozinha e não o compartilha com as pessoas mais próximas. Embora os relatos a seguir sejam fictícios, estou prestes a usá-los como exemplos. Não tenho dúvidas de que os escritores pesquisaram a fundo sobre sobreviventes de trauma para garantir que seus personagens se comportassem de forma autêntica. O primeiro exemplo é uma linha de enredo de um popular programa de drama moderno. Em um exemplo, a personagem, June, finalmente escapou de Gilead para o Canadá, onde ocorreram todas as suas experiências traumáticas. Ela parece bastante incapaz de compartilhar suas experiências com alguém. Ainda assim, a pessoa com quem ela definitivamente parece incapaz de compartilhar seus eventos é seu marido, que esteve no Canadá enquanto ela estava em Gilead (Miller et al., 2017-atual). Outro exemplo é o de uma famosa novela australiana, em que uma das personagens, Marilyn, passa por um evento traumático compartilhado com outras personagens, mas não com seu marido. Após esse evento, ela sente que a única pessoa com quem pode falar sobre o assunto é um dos outros personagens que passaram pela mesma situação. Ela se distancia cada vez mais do marido, que acha que não consegue entender o que ela passou ou o que está sentindo, o que acaba culminando em um divórcio - embora esse não seja o único motivo do divórcio (Holmes & McGauran, 1988-atual). Esses dois exemplos fictícios são bons para destacar exatamente os tipos de sentimentos e emoções que uma pessoa que passou por um trauma pode apresentar. Eles sugerem como o trauma pode afetar seus relacionamentos com as pessoas mais próximas.

Além disso, isso pode fazer com que a pessoa que sofreu o trauma acabe se isolando. Infelizmente, no atual clima de pandemia, isso é algo que todos nós estamos fazendo. No entanto, aqueles que sofreram traumas farão isso de propósito - distanciando seus parceiros, amigos, familiares e colegas e talvez até mesmo se afastando da própria vida. Elas estão passando pelo desapego e podem não ter sentimentos em relação a nada - quase se tornando insensíveis a tudo ao seu redor. Alguns indivíduos podem ficar muito ansiosos e começar a apresentar sintomas de trauma sempre que houver qualquer possibilidade de serem rejeitados - por exemplo, por um parceiro em potencial. Outros podem fazer o caminho inverso e se tornar totalmente dependentes de alguém ou superprotetores de seus entes queridos. Se isso inclui crianças, pode começar a afetar a vida da criança, pois ela não tem permissão para fazer nada que possa colocá-la em risco, mesmo que minimamente. Isso se refere a praticamente tudo. Sair da cama de manhã é um risco. Não há nada na vida em que não haja risco, portanto, isso pode se tornar problemático se o trauma de um dos pais se manifestar dessa forma.

Algumas pessoas podem achar extremamente difícil ter qualquer tipo de relacionamento físico, conseguir se colocar em situações íntimas ou achar que os relacionamentos sexuais são satisfatórios. Todos os sentimentos, emoções e comportamentos que descrevi podem ser desconcertantes e perturbadores, mas são coisas normais de se pensar e sentir se você passou por um trauma. Você não deve se castigar ainda mais. Compreensivelmente, o trauma pode resultar nesses tipos de problemas; você não deve se sentir pior consigo mesmo porque não consegue fazer seu relacionamento funcionar depois de ter passado por um trauma.

A RESPOSTA DE LUTAR, FUGIR, CONGELAR OU ADULAR

As reações de luta, fuga, congelamento ou desmaio são nossas respostas quando nos deparamos com o que achamos ser uma ameaça ou um perigo para nós. Fazemos isso de forma automática e subconsciente, sem sequer pensar a respeito. Luta, fuga e congelamento são respostas bem conhecidas, mas a adulação também é uma resposta possível.

A fuga é o nosso desejo de correr ou fugir da situação que está nos causando perigo. Essa é uma reação perfeitamente aceitável e não é, de forma alguma, covarde, como algumas pessoas que se postam como corajosas podem considerá-la. Afinal de contas, se você estiver preso em um prédio em chamas, a melhor resposta é sair dali. Os sinais de que você pode estar no modo de fuga são os seguintes:

- Suas pernas ficam muito inquietas ou agitadas.
- Seus dedos das mãos e dos pés, orelhas e nariz (ou qualquer combinação deles) ficam dormentes.
- Seus olhos se movem muito ou ficam dilatados.
- Seus músculos e seu corpo ficam tensos.
- Você se sente como um prisioneiro e encurralado.

Lutar é exatamente o que o nome sugere: Torna-se uma resposta agressiva à situação. Alguns indicadores de que você pode estar em um modo de "luta" são os seguintes:

- Você começa a chorar.
- Você tem um desejo irresistível de dar um soco em algo ou alguém.
- Ranger os dentes ou sentir a mandíbula contraída.
- Você sente vontade de bater os pés ou chutar algo ou alguém.

- Você sente um profundo e ardente sentimento de raiva.
- Você imagina a possibilidade de ferir alguém - talvez até você mesmo.
- Você sente dor ou uma sensação de queimação no fundo do estômago.

O modo de luta significa que você normalmente ataca a fonte do perigo. Essa pode ser uma reação muito benéfica, a menos que a fonte que você está atacando seja capaz de causar muito mais danos a você do que você a ela.

T A resposta de congelamento é mais bem explicada quando você se torna incapaz de fazer qualquer coisa diante do perigo e literalmente congela. É como a frase quando um "veado é pego pelos faróis". Quando um veado está no meio da rodovia e vê um carro vindo em sua direção, ele congela e o carro desvia para evitá-lo ou, infelizmente, bate nele. Talvez você mesmo já tenha feito isso: Eu sei que já fiz. Saí para a estrada sem prestar atenção e, quando vi o carro vindo em minha direção, em vez de correr para fora da estrada, simples-mente congelei e só sobrevivi porque o motorista parou o carro a tempo. Alguns indicadores de que você entrou em uma resposta de congelamento são os seguintes:

- Seu corpo sente frio.
- Seu corpo fica dormente.
- Você fica muito pálido, principalmente no rosto.
- Suas pernas parecem de chumbo, e é difícil mover o corpo.
- Você se sente muito nervoso e ansioso.

- Sua frequência cardíaca diminui e você pode senti-la pulsando.

Mas o que dizer da resposta de adulação? Essa é uma resposta muito menos conhecida. Essa resposta é quando empreendemos qualquer coisa ou fazemos qualquer coisa para apaziguar a situação. Isso pode ser particularmente prevalente entre as pessoas que sofreram traumas na infância. É provável que houvesse alguém em sua vida para quem eles fizessem ou dissessem qualquer coisa apenas para evitar o cenário traumático que aconteceria se não o fizessem. Esse tipo de resposta de fulvo é frequentemente levado para a vida adulta e, como resultado, a pessoa pode acabar em alguns relacionamentos e situações prejudiciais à saúde.

Devido ao fato de a resposta de adulação ocorrer com frequência na infância, pode ser difícil para uma pessoa reconhecer o que está acontecendo quando ela é adulta. Por isso, essa é sua resposta padrão a situações perigosas. No entanto, há alguns sinais de alerta que você (ou alguém) pode demonstrar com a resposta de adulação:

- Para saber como você se sente em um relacionamento ou situação, você verá como as outras pessoas se sentem.
- Mesmo quando está sozinho, você acha difícil entender o que está sentindo.
- Você sente que não tem uma personalidade, um caráter ou uma identidade individual.
- Está sempre tentando agradar a todos os outros em sua vida, em vez de se concentrar e se colocar em primeiro lugar.

- Sempre que surge um conflito, sua primeira ação é tentar agradar ou ceder à pessoa irritada ou aborrecida.

- Você desconsidera suas próprias crenças ou opiniões e, em vez disso, aceita apenas as opiniões das pessoas ao seu redor como verdadeiras.

- Você pode perceber que dá respostas emocionais estranhas a coisas que, aparentemente, parecem não ter importância. Por exemplo, você pode reagir com raiva a um estranho ou, de repente, sentir-se triste, o que pode ocorrer ao longo do dia.

- Você se sente culpado e com raiva de si mesmo na maior parte do tempo.

- Você acha difícil dizer "não" a qualquer pessoa.

- Tudo pode se tornar excessivo para você, mas você ainda assim assumirá mais tarefas se for solicitado.

- Não é fácil definir limites, e você acha que muitas vezes estão tirando vantagem de você em um relacionamento.

- Você não fica feliz, fica inseguro ou até mesmo assustado quando lhe pedem para dar sua própria opinião.

Para as pessoas que sofrem de TEPT, TEPTC ou trauma de apego, já existe um nível de auto culpa e recriminação que só pode piorar se a resposta padrão ao perigo for uma resposta de adulação. Essa é uma das muitas razões pelas quais é essencial aprender por que essas respostas ocorrem e o que podemos fazer para desativá-las.

Fala-se também de uma quinta resposta conhecida como

"*flop*". É quando a pessoa fica totalmente sem reação à situação que está ocorrendo e pode até perder a consciência. O termo vem da forma como o corpo se agita como uma boneca de pano.

Todas essas respostas são perfeitamente naturais, e as pessoas demonstram reações diferentes em momentos diferentes. Entretanto, isso pode se tornar preocupante quando percebemos ameaças onde não há nenhuma, ou quando damos a resposta errada à situação. Esses tipos de problemas geralmente ocorrem quando ficamos presos a essas respostas devido a traumas passados que sofremos. Para nos libertarmos dessas respostas presas, precisamos nos tornar mais conscientes de como nos sentirmos seguros, confortáveis e sem tensão em nossos corpos. Devemos usar exercícios que nos permitam liberar com segurança parte desse trauma, o que deve significar menos dependência de nossas respostas de luta, fuga, congelamento ou adulação.

Peter Levine baseou sua teoria e trabalho de "Experiência Somática" no fato de ter observado animais na natureza. Apesar de estarem constantemente em perigo de predadores, sendo perseguidos por eles e, às vezes, sendo momentaneamente capturados, mas escapando, os animais não sofriam traumas. Eles continuaram sua vida como sempre fizeram. Levine observou que os animais, depois de um episódio como esse, tendiam a se agitar e tremer, por isso ele acreditava que os animais selvagens eram capazes de "se livrar" do trauma, enquanto os humanos haviam perdido essa capacidade. Como os seres humanos perderam a capacidade de se livrar do trauma, o trauma pode acabar preso no corpo, e somente com a ajuda da terapia somática ele pode ser liberado lenta e cuidadosamente (Osadchey, 2018).

Vou lhe dar um exercício muito simples para seguir, de modo que você possa desligar essas respostas de luta ou fuga e permanecer calmo e racional. É um exercício simples de aterramento e, como todos os exercícios de cura somática, ele funciona do corpo até o cérebro, e não o contrário. Isso faz sentido porque não podemos pensar em sair dessas situações ou deixar de nos sentir ansiosos, mas podemos fazer com que nosso corpo relaxe, fique calmo e diga ao cérebro que está tudo bem.

EXERCÍCIO DE ATERRAMENTO

Como entrar no modo de luta ou fuga pode fazer com que você se sinta quase desligado do corpo ou como se o corpo fosse incapaz de fazer o que você quer, uma maneira de voltar a um estado menos ansioso é reunir o cérebro ao corpo. Uma maneira de fazer isso é colocar algo quente ou frio contra seu corpo. Obviamente, tome cuidado para não se repreender ou sofrer queimaduras de frio. Se você colocar algo levemente quente ou frio no corpo, isso o reunirá com o corpo, pois você permitirá que o cérebro se concentre nas sensações que está sentindo em vez de se concentrar em perigos falsos ou iminentes.

TRAUMA DE APEGO

Mencionei brevemente o trauma de apego no início deste capítulo e agora vou abordá-lo com muito mais detalhes nesta seção.

O trauma de apego ocorre quando há uma interrupção nos processos normais de ligação entre um bebê ou uma criança e seus principais cuidadores – sejam eles pais ou outros responsáveis. Isso pode ser resultado de abuso ou negligência, mas também pode ser apenas uma falta geral de afeto ou abandono que não foi culpa do cuidador.

A psicologia identifica quatro estilos principais de apego que uma criança pode experimentar no início da vida com seu cuidador. Dependendo desses estilos, eles provavelmente afetarão a criança quando ela se tornar adulta:

- **1: Segurança:** As pessoas que se sentem seguras cresceram com cuidadores atenciosos, amorosos e sensíveis às necessidades de seus filhos. Se uma pessoa tiver o apego de segurança, provavelmente se sentirá à vontade para demonstrar e expressar suas emoções, demonstrará confiança em si mesma nos relacionamentos e será capaz de enfrentar situações difíceis e sentimentos infelizes de maneira saudável.

- **2: Evitação:** O apego evitativo ocorre quando um cuidador não responde ou não é sensível a uma criança quando ela está magoada ou angustiada. As crianças que vivenciam esse tipo de apego provavelmente crescerão sem demonstrar suas emoções e não procurarão o cuidador para lhes dar segurança e conforto. Quando adultas, é provável que sejam distantes nos relacionamentos e não sejam capazes de demonstrar ou falar sobre suas emoções.

- **3: Resistência:** Um apego resistente se desenvolverá se o cuidador não for consistente ou não for previsível na maneira como responde à

angústia ou ao aborrecimento da criança. A criança
pode usar métodos extremos para obter a resposta
adequada do cuidador. Na idade adulta, isso pode
se manifestar como alguém muito carente e
pegajoso em um relacionamento e que não tem
segurança alguma em acreditar que seu parceiro
o ama.

- **4: Desorganização:** Um apego desorganizado se
  forma quando o comportamento do cuidador é
  incomum ou, de alguma forma, assustador. A
  criança não sabe o que fazer para obter o conforto
  e a segurança de que precisa. Na idade adulta, isso
  pode levar a relacionamentos cheios de conflitos e
  discussões.

- O primeiro estilo de apego, o de segurança,
  permitirá que a criança se desenvolva de forma
  saudável e tenha maior probabilidade de ter
  relacionamentos saudáveis nos anos posteriores.
  Os outros estilos resultarão na formação de um
  apego incompleto e provavelmente causarão
  relacionamentos não saudáveis e outros problemas
  na vida adulta.

Quando os estilos não saudáveis ocorrem, isso pode
resultar em eventos traumáticos para a criança. É claro que
isso pode incluir eventos graves, como abuso e negligência
extrema, mas também pode ser algo tão simples como uma
criança se machucar e chorar enquanto o cuidador a ignora
(seja de propósito ou não). Isso pode resultar em um evento
traumático para a criança. Um incidente raro na vida de uma
criança pode não resultar em trauma de apego, mas se esse for

um padrão consistente, isso pode causar um trauma duradouro na vida adulta.

Entretanto, não é necessário que o cuidador tenha feito algo que possa causar o fracasso do vínculo. Infelizmente, o cuidador pode ter morrido, o vínculo foi rompido e o apego seguro não pode ser desenvolvido. Nem sempre o trauma de apego é tão simples quanto ser culpa do cuidador.

Uma pessoa que sofre de trauma de apego pode ter maior probabilidade de sofrer de estresse e ansiedade, achar difícil se emocionar, ter problemas para dormir, se isolar ou ter problemas de saúde mental.

Se você sofre de trauma de apego, eu lhe darei um exercício para seguir, mas tenha cuidado. Esse exercício pode trazer à tona algumas emoções e sentimentos fortes. Se achar que isso é demais para você neste momento, é perfeitamente compreensível; deixe esse exercício de lado até que esteja pronto ou consulte um terapeuta profissional.

EXERCÍCIO PARA TRAUMA DO APEGO

Antes de mais nada, encontre um piso duro, se puder. Você pode fazer esse exercício em um carpete, mas isso o torna mais complicado. Depois de encontrar o piso adequado, tire as meias. Em seguida, deite-se no chão de modo que fique de barriga para baixo. Em seguida, pense em como você pode se mover para frente a partir dessa posição. Você não pode se levantar com as mãos e os joelhos e engatinhar. Não, você deve encontrar uma maneira de se mover enquanto estiver deitado de barriga para baixo. Você não deve ter feito isso desde que era uma criança muito pequena. Esse é o objetivo do exercício: fazer com que você pense e se mova dessa forma novamente. Portanto, isso pode trazer à tona todas as emoções daquela época. Se você não estiver preparado para isso, não é para você. Você pode sentir profunda tristeza e vontade de chorar. Pode haver muitas emoções fortes como resultado de estar de volta a essa posição.

5

SUPERANDO A DOR FÍSICA E A DOENÇA

Se você acha que está sempre com dor e tem músculos tensos ou ossos doloridos, este pode ser o capítulo para você. Você se acostumou tanto a sentir dor ou tensão muscular que sente que isso é quase parte de quem você é. A boa notícia é que a terapia somática física (oficialmente chamada de somática) pode ajudá-lo a aliviar essa dor e voltar a se sentir você mesmo. É claro que devo salientar que a terapia somática não serve para curar toda e qualquer lesão física que você tenha. Se você quebrou a perna, ainda precisa consultar um médico. Você não vai curar um osso quebrado por meio da terapia somática; na verdade, você pode piorar muito a situação. Entretanto, se você sofre de dores musculares e articulares crônicas, é aí que a terapia somática pode entrar em ação. Com sua capacidade de fazer com que o corpo fale com o cérebro e vice-versa, é possível aliviar a dor causada pelas torções e músculos presos aos quais seu corpo se acostumou.

Aqui estão alguns exercícios que devem realmente ajudá-lo com a mobilidade e o bem-estar geral se estiver sentindo dor crônica ou músculos tensos. Você pode fazer todos os movimentos de cada etapa 10 vezes:

- **1:** Deite-se de costas com os joelhos dobrados e os braços ao lado do corpo. Inspire, empurre a pélvis ligeiramente para cima e expire. Inspire, empurre a parte inferior das costas para baixo e expire.
- **2:** Deite-se de costas com as pernas estendidas e as mãos estendidas atrás de você. Basicamente, você está fazendo o formato de uma estrela. Finja que pode aumentar o comprimento de sua perna direita. Inspire ao imaginar que está fazendo isso e, em seguida, expire e relaxe. Faça o mesmo com seu braço esquerdo: Imagine que ele está crescendo ou que alguém está puxando seu braço para torná-lo mais longo. Faça o mesmo com a perna esquerda e, finalmente, com o braço direito.
- **3:** Deite-se de costas com os braços estendidos para os lados, os joelhos dobrados e cruze uma perna sobre a outra. Inspire. Em seguida, mova suas pernas para a esquerda. Certifique-se de que essa parte seja apenas as pernas - todo o resto permanecerá centralizado - e expire. Troque as pernas e faça o mesmo, trazendo as pernas para baixo à direita e de volta ao centro. Em seguida, faça o mesmo, mas com o braço direito apontando para cima e a mão esquerda para baixo. Ao mover as pernas, mova a cabeça para a esquerda e vice-versa.
- **4:** Sente-se e gire a cabeça e o tronco para a esquerda. Em seguida, faça o mesmo para a direita.

Agora, faça o mesmo, mas coloque a mão direita no ombro esquerdo e, depois de girar, mova a cabeça suavemente de volta para o centro. Em seguida, volte tudo para o centro. Faça o mesmo para o outro lado.

AMNÉSIA SENSO-MOTORA

Amnésia senso-motora (ASM) é uma expressão introduzida pelo pioneiro Thomas Hanna, um visionário no mundo da somática (Warren, 2019). Ela descreve o padrão de comportamento físico que os músculos do seu corpo executam sem que você sequer pense nisso, o que muitas vezes o prejudica. Por exemplo, dia após dia, você se inclina em sua mesa sobre o laptop. Os músculos das costas se acostumam a isso e se adaptam de acordo, de modo que algo ruim para você se torna normal para o seu corpo, e você não faz nada para corrigi-lo porque o corpo não diz para você fazer isso. De fato, muitas vezes, ocorre o contrário. Agora, sentar-se ereto passa a ser doloroso, e ficar curvado se torna muito confortável. Esse padrão pode levar à dor física crônica. Nesse exemplo, é provável que você acabe com fortes dores nas costas ou talvez até com uma corcunda, e ficará sempre agachado, mesmo quando estiver em pé.

No mundo moderno, é fácil desenvolver a ASM. Estamos sempre curvados sobre as mesas, sentados em cadeiras e sentados em carros ou no transporte público. Não nos movimentamos tanto quanto deveríamos, portanto, nosso corpo se adapta de acordo. Ele não se incomoda mais com toda aquela torção, corrida e flexibilidade de que você costumava precisar: Em vez disso, nossos músculos se concentram no que precisam fazer para se curvar e se inclinar. Por sua vez, os músculos podem ficar habitualmente presos em posições indesejadas, até mesmo tirando os ossos do lugar com o tempo.

Outra maneira de desenvolver a ASM é se você tiver algum tipo de lesão. Então, enquanto a lesão se recupera, ela afeta a forma como você se movimenta. Isso é particularmente verdadeiro se você machucar o pé - isso afeta a maneira como você anda. Depois que a lesão estiver curada, você ainda estará andando da mesma forma que andava quando se machucou. Isso está lhe causando danos e seu corpo esqueceu como você costumava se movimentar normalmente. Outro exemplo seria uma lesão como uma torção da pélvis.

Se você tiver ASM, poderá notar que, às vezes, seu corpo hesita em se movimentar; talvez haja um leve tremor ou sacudida das áreas afetadas, ou até mesmo um estremecimento quando o corpo libera parte da tensão.

Você pode fazer um exercício muito simples se achar que tem ASM e quiser uma confirmação. Aconselho que, se ao fazer esse exercício você sentir dor, faça-o bem devagar e movimente-se apenas dentro do que é aceitável para você; não tente forçar nada, pois é provável que você cause mais danos a si mesmo. É bom fazer esse exercício lentamente para dar ao seu cérebro a chance de compreender o que está fazendo. Se você fizer as coisas rapidamente, a parte automática do seu cérebro começará a assumir o controle.

Sente-se com os braços ao lado do corpo. Vire a cabeça para a esquerda. Você precisará ficar olhando para a esquerda durante todo o exercício, portanto, certifique-se de que a virada de cabeça esteja dentro da sua zona de conforto e não seja muito dolorosa ou esticada. Agora, olhe para o teto e mova o ombro direito para cima, em direção à parte de trás da cabeça. Em seguida, solte lentamente essa posição e volte à posição em que estava antes. Você também pode tentar fazer isso do outro lado. Qual foi a sensação? Um pouco hesitante, trêmulo ou trêmulo? Se sim, então você provavelmente tem ASM.

Uma prática conhecida como pandiculação pode ajudar a estabelecer a ligação entre o cérebro e os músculos e ajudá-lo a aliviar seus problemas de ASM.

PANDICULAÇÃO SOMÁTICA

Pandiculação pode parecer a palavra mais complicada do mundo, mas na verdade é um conceito bastante simples. A pandiculação envolve a movimentação intencional (ou, às vezes, subconsciente) dos músculos para vincular os movimentos ao nosso sistema nervoso. O alongamento e o bocejo matinais são um exemplo perfeito disso. É uma recalibração do nosso corpo com o sistema nervoso para gravar ainda mais os padrões de movimento em nosso ser. Geralmente, fazemos isso de forma não intencional e subconsciente quando acordamos, mas as pandiculações podem ser feitas propositalmente a qualquer momento para gerar uma infinidade de resultados desejados. Há inúmeros vídeos de pandiculação somática online que visam diferentes músculos por diferentes motivos. Esse ato pode ser mais importante do que você imagina. A má postura, os músculos tensos e os movimentos pouco ágeis podem se tornar habituais se não praticarmos a pandiculação.

A pandiculação é melhor explicada como o sistema nervoso disparando nosso alarme interno e dizendo ao corpo: "Prepare-se para se movimentar!" Os seres humanos e todos os animais com vértebras tendem a realizar automaticamente a pandiculação quando acordam ou quando ficam parados por muito tempo. Você provavelmente percebe que um bebê faz isso quando acorda, ou pode ter visto seu gato ou cachorro de estimação arquear as costas e se esticar quando acorda de um cochilo. Todos esses são exemplos de pandiculação. De fato, diz-se que os animais fazem pandiculação 40 vezes por dia ("Pandiculation-the Safe Alternative to Stretching", 2010). Você não os vê todos curvados com má postura ou torcendo os tornozelos só porque tiveram de ir atrás de um rato ou de um pedaço de pau.

A pandiculação permite que nosso sistema nervoso saiba o nível de tensão em nossos músculos e regula e redefine essa tensão muscular para que não tenhamos dores musculares a longo prazo. Foi sugerido que um feto pode realizar a pandiculação enquanto está no útero, o que mostra que se trata de uma ação primitiva e vital (Warren, 2019).

Infelizmente, com todos os maus hábitos e padrões de comportamento físico a que nos submetemos tão facilmente no mundo moderno, a pandiculação automática não é suficiente para nos livrarmos de toda a tensão muscular. Às vezes, se nossa postura estiver desalinhada, nosso sistema nervoso pode simplesmente se esquecer de fazer muita pandiculação.

Thomas Hanna estudou a pandiculação detalhadamente e chegou à conclusão de que a pandiculação tratava da tensão muscular e da maioria das causas subjacentes das pessoas que tinham problemas de postura, de movimento e de dor crônica. Ele elaborou alguns exercícios que as pessoas poderiam fazer sozinhas, em vez de depender da pandiculação automática. Ele garantiria que as pessoas estivessem muito mais preparadas para lidar com suas tensões musculares e se libertassem de grande parte da dor, incentivando a pandiculação voluntária. A pandiculação voluntária deve ser realizada de forma muito lenta e intencional para que o sistema nervoso compreenda o que está sendo comunicado e se atualize em resposta (Warren, 2019).

Qualquer exercício de pandiculação exigirá três aspectos principais:

- **1:** Contrair o músculo.
- **2:** Fazer um alongamento lento e intencional do músculo.
- **3:** Relaxar enquanto deixa o cérebro e o sistema nervoso compreenderem o que você acabou de fazer.

O psoas [**soh**-*uhs*] i é um músculo excepcionalmente importante no corpo humano. Sem esses músculos, você não conseguiria nem sair da cama pela manhã. Essa é a importância dele. O músculo psoas também é relevante para a maneira como você respira, portanto, pode ter um impacto psicológico - não apenas físico. Seja o que for que você esteja fazendo - correndo, andando de bicicleta, sentado no sofá ou dançando -, o músculo psoas é necessário e estará trabalhando para permitir que você faça essas coisas. O psoas é muito importante porque é o músculo que conecta seu corpo às pernas. Esses músculos também são conhecidos como flexores do quadril. Eles são extremamente vitais quando se trata de sua postura e de apoiar e regular a coluna vertebral. Como o músculo psoas também está conectado ao diafragma, ele é predominante na caminhada, na respiração e até mesmo na reação ao medo e à excitação. Se estiver sob estresse, o músculo psoas realmente se contrai. Essencialmente, ele tem um impacto direto na sua resposta de luta ou fuga. Se esse estresse persistir por longos períodos, o músculo psoas ficará contraído por longos períodos, levando a uma infinidade de problemas de saúde. Essa mesma contração pode ocorrer quando você fica sentado por muito tempo, corre ou caminha demais, adormece e permanece na posição fetal ou faz uma grande quantidade de abdominais.

Um músculo psoas tenso pode levar a uma série de problemas e queixas de saúde, inclusive problemas digestivos, exaustão, disfunção sexual, dor lombar, dor pélvica (que pode afetar as práticas sexuais e o apetite), ciática (que pode causar dor insuportável), claudicação, diferença entre o comprimento das pernas, curvatura da coluna vertebral e um tronco fraco.

Você pode pensar que alongar o músculo psoas pode ser suficiente, mas o músculo psoas recebe instruções do cérebro. Não importa o quanto você o alongue, ele fará o que o cérebro mandar e, se for para se contrair, ele se contrairá. Portanto, você pode acabar fazendo mais mal do que bem com o alongamento. O melhor que você pode conseguir é afrouxar os músculos por algum tempo após o alongamento, mas logo depois o cérebro reiniciará o sistema nervoso e o músculo psoas voltará a ser como era antes do alongamento. Qualquer tensão potencial de longo prazo ainda pode ocorrer.

Vou lhe dar dois exercícios de pandiculação muito simples que você pode fazer facilmente em casa. Se estiver tendo problemas com o psoas, esses exercícios o ajudarão a liberar a tensão e o trauma e a abrir sua vida para um mundo livre de dor. (Observação: se o psoas não se soltar ou se contrair novamente após os exercícios de pandiculação, você pode estar sofrendo de torção do sacro, também conhecida como torção sacral, pélvis torcida ou disfunção da articulação SI. Primeiro, você precisará consertar um sacro torcido. Recomendo o programa "comforting your SI joints" (confortando suas articulações SI) do educador somático Lawrence Gold).

- **1:** Primeiro, deite-se no chão. Uma superfície plana é preferível a um carpete. Se você tiver um tapete de exercícios, ele poderá proporcionar mais conforto. Deite-se de costas com os joelhos para cima e os pés firmemente apoiados no chão. Certifique-se de que possa deslizar facilmente o pé e a perna pelo chão (portanto, o carpete não é uma boa superfície para isso). Coloque os braços e as mãos atrás da cabeça. Agora, inspire e arqueie-se levemente de modo que a pélvis se mova em direção ao teto e as costas se contraiam; depois expire e relaxe.

- Na próxima vez que expirar, leve a cabeça e as costas para a frente e mantenha os cotovelos apontados para a perna. Em seguida, leve uma das pernas em direção ao cotovelo e, lentamente, volte tudo para onde estava: A cabeça e as costas para o chão com os cotovelos e as mãos atrás da cabeça, e o joelho e a perna de volta para o chão com o pé plantado firmemente no chão.

- Em seguida, faça o mesmo com o outro lado. Inspire e arqueie levemente, depois expire e relaxe; na próxima expiração, mova o outro joelho em direção aos cotovelos e, em seguida, mova lentamente tudo de volta para onde estava antes.

- Em seguida, faça o mesmo exercício, mas, ao colocar o pé de volta no chão, deslize a perna e o pé por todo o chão e flexione os dedos. Inspire e expire conforme necessário. Você também pode variar um pouco para que, na próxima vez que levantar e abaixar a perna, ela suba mais naturalmente, de modo que a perna e o pé fiquem curvados para fora em vez de retos. Você pode repetir o exercício várias vezes com as duas pernas. Será interessante ver se você percebe alguma diferença entre cada lado; talvez um lado pareça menos tenso do que o outro. Independentemente do que notar, depois de fazer esses exercícios por algum tempo, você verá que o psoas não está tão tenso e que conseguiu liberar parte da tensão do corpo.

- **2:** Faça o mesmo exercício, mas, desta vez, mantenha os braços ao lado do corpo quando levantar o joelho. Em seguida, quando deslizar a perna para fora dessa vez, leve o braço sobre a cabeça pela lateral, como se estivesse nadando de costas. Dê uma braçada, coloque o braço sobre a cabeça e relaxe. Volte à posição, repita e faça o mesmo com o outro lado do corpo. Esse exercício ajudará os músculos da parte superior das costas; se o psoas estiver tenso, você deverá sentir isso ao longo da lateral do corpo.

Há também alguns exercícios simples que você pode fazer para garantir que todos os vários grupos musculares sofram pandiculação.

- Este exercício ajudará a trabalhar seus bíceps. Você pode fazer isso em pé ou sentado. Basta trazer o antebraço em sua direção lentamente, como se estivesse levantando um haltere, e depois deixá-lo voltar lentamente à posição inicial e relaxar. Se necessário, você pode colocar levemente os dois primeiros dedos da outra mão sobre o braço, apenas para colocar um pouco de resistência, o que ajuda o cérebro e o sistema nervoso a entender o que está acontecendo e a não causar nenhuma possibilidade de ASM.
- Definitivamente, tenho um problema de empurrar constantemente a cabeça para à minha frente,

principalmente quando estou curvado sobre o laptop. Um exercício para ajudar a remediar isso é o seguinte: Ajoelhe-se, arqueie-se lentamente, puxe lentamente a barriga e a cabeça para trás e depois relaxe. Novamente, se precisar de um pouco de resistência para ajudar, você pode colocar uma mão sob o peito e outra sobre a barriga. Sua coluna vertebral e a parte frontal do corpo devem ficar mais harmoniosas depois de fazer esse exercício. Em vez de ficar curvado com a cabeça para a frente, você deve conseguir sentar-se ereto, com a cabeça bem apoiada na parte superior do corpo, onde ela deve estar.

Esses exercícios devem realmente ajudá-lo a longo prazo de uma forma que o alongamento não é capaz de fazer. Você está realizando uma pandicatura nos músculos que fará maravilhas por você. Com um pouco de sorte, os dias de dor interminável, inflexibilidade ou dificuldade de movimento terão desaparecido. Tudo isso com a ajuda de algo que você pode fazer facilmente em casa e de graça.

6

UM BAÚ DE TESOUROS DE PRÁTICAS SOMÁTICAS

Neste capítulo, vou delinear algumas das práticas somáticas mais poderosas. Esse capítulo é realmente um baú de tesouros. Todos esses anos foram como garimpar diamantes ou garimpar ouro sem sorte - até agora. Você vai encontrar o tesouro de que precisava - seu pote de ouro no final do arco-íris. Essas são práticas fáceis de seguir que você pode fazer em seu próprio tempo e espaço. Elas não requerem equipamentos especiais ou grandes despesas para que você possa participar delas. O melhor de tudo é que há evidências científicas genuínas que respaldam essas práticas, portanto, eu sei que elas funcionam; em breve, você também saberá.

TEORIA POLI VAGAL E O NERVO VAGO

A teoria poli vagal foi desenvolvida por Stephen Porges e nos ajuda a entender melhor nosso sistema nervoso. Ela surgiu a partir de seu estudo do nervo vago. O nervo vago está envolvido no elemento calmante do sistema nervoso. Esse elemento se equilibra com o elemento ativo, portanto, se houver mais calma, haverá menos atividade. Se estiver ocorrendo mais atividade, será necessário menos calma. A teoria poli vagal descreve um terceiro elemento, o que Porges chamou de "Sistema de Engajamento Social" - uma combinação dos aspectos ativo e calmante (Wagner, 2016).

A Como o nome sugere, é o aspecto do engajamento social que nos ajuda a trabalhar em nossos relacionamentos e a lidar melhor com qualquer conflito que possa surgir.

O sistema nervoso tem dois elementos principais quando se trata de sentir que estamos correndo grande perigo: o elemento que lida com nossa resposta de luta ou fuga e a parte que lida com o desligamento completo (pense no método "flop" de lidar com o perigo). Para que o sistema de engajamento social seja ativado, é necessário que haja uma sensação de segurança.

É o nervo vago que ajuda a acalmar o corpo e tem dois aspectos principais, que se comportam de maneiras muito diferentes. O aspecto de desligamento ocorre por meio de uma parte do nervo vago. Quando esse desligamento ocorre, a pessoa geralmente se sente muito cansada e talvez um pouco tonta - como se estivesse gripada. Isso pode afetar o coração, os pulmões, o diafragma e o sistema digestivo da pessoa.

A outra parte do nervo vago afeta os aspectos acima do diafragma. Essa é a parte que atende ao sistema de engajamento social. Essa parte do nervo ajuda a controlar nosso sistema nervoso. Por exemplo, se você estiver deixando alguém escalar uma rocha, você solta a corda lentamente para que a pessoa desça com segurança; você não solta a corda de uma vez. É mais ou menos isso que o nervo vago está fazendo aqui: mantendo o sistema nervoso regulado e impedindo que ele se torne hiperativo. Enquanto a resposta de luta ou fuga pode levar segundos para ocorrer e a recuperação pode levar de 10 a 20 minutos, a resposta do nervo vago à calma leva meros milissegundos. Portanto, devemos ser capazes de acalmar nossas respostas da mesma forma que se solta a corda lentamente para que um alpinista controle sua subida na face de um penhasco.

Um bom exemplo de engajamento social em ação é ir ao parque local e observar os cães. Alguns cães serão agressivos com outros cães ou fugirão, e seus donos terão de correr atrás deles - esses são os cães em modo de luta ou fuga. Mas se você vir os cães brincando alegremente, abanando o rabo, querendo que lhe atirem um pedaço de pau ou uma bola e pulando de forma amigável para seus donos, esses são os cães que se sentem em um espaço seguro e estão empregando o sistema de envolvimento social.

Se uma pessoa tem um trauma que não conseguiu liberar, ela pode se encontrar para sempre em um mundo de luta ou fuga; em vez de realizar alegremente suas atividades diárias com o sistema de envolvimento social totalmente em sintonia, tudo se torna uma tarefa de pavor e medo.

Na verdade, o nervo vago afeta o ouvido médio, o que pode nos ajudar a focar nas vozes humanas e a remover todo o ruído de fundo desnecessário. Ele também afeta nossa capacidade de fazer expressões faciais - outro elemento essencial para a comunicação. Por fim, ele também afeta nossas cordas vocais e os ruídos que podemos emitir uns para os outros - mais uma vez, para nos comunicarmos de forma tranquila. É o nervo mais extenso do corpo e, se você está se perguntando como ele recebeu esse nome, é porque, em latim, vagus significa "errante". Você sabe que é um nervo comprido quando é chamado de nervo "errante".

Em última análise, se pudermos encontrar maneiras de redefinir esse nervo vagal ou exercitá-lo para que nos sintamos felizes, seguros, protegidos e divertidos, a vida poderá ser muito melhor para nós.

EXERCÍCIO #1

O primeiro é um exercício muito simples. Comece sentando-se e movendo a cabeça lentamente para a esquerda, de volta para o centro e depois para a direita. Há alguma diferença entre cada lado? Você acha mais difícil mover a cabeça para um lado em comparação com o outro? Quando descobri esse exercício pela primeira vez, achei um pouco mais difícil mover a cabeça para o lado direito em comparação com o lado esquerdo. Depois disso, deite-se de costas com os joelhos para cima e os pés firmemente apoiados no chão. Quando tiver experiência com esse exercício, você poderá fazê-lo sentado ou até mesmo em pé, mas deve se deitar nas primeiras vezes. Coloque as mãos atrás da cabeça, com os dedos entrelaçados e os cotovelos apontando para fora, de modo a segurar a cabeça com as mãos. Em seguida, mova os olhos para a direita - não a cabeça: apenas os olhos. Use as mãos para apoiar a cabeça de modo que ela não se mova. Você move apenas os olhos. Mantenha os olhos nessa posição por 30 segundos. Em seguida, relaxe e deixe seus olhos voltarem para o meio. Se perceber que precisa respirar ou tem vontade de engolir, essas são respostas do nervo vago e sinais de que o exercício está funcionando.

Agora, faça o outro lado: Mova os olhos para a esquerda,

sem mover a cabeça e mantendo-a centralizada, e mantenha os olhos nessa posição por 30 segundos. Em seguida, relaxe e deixe seus olhos voltarem para o centro. Espere um pouco, depois volte à posição sentada e mova a cabeça de um lado para o outro para ver se a mobilidade melhorou. A propósito, 30 segundos é o tempo mínimo para manter os olhos na posição. Se não estiver obtendo nenhum dos sinais, como respirar fundo ou engolir, você pode manter os olhos na posição por 60 segundos ou mais. Quando descobri esse exercício pela primeira vez, achei um pouco mais difícil virar a cabeça para o lado direito. Depois de fazer o exercício, descobri que podia mover a cabeça sem restrições igualmente em ambos os lados. Esse exercício funciona.

EXERCÍCIO #2

O segundo exercício que você pode fazer é simplesmente sentar-se. Seja no chão ou em uma cadeira - desde que esteja confortável, isso é o mais importante. Coloque a mão direita no topo da cabeça e incline a cabeça para a direita. Mova seus olhos e somente seus olhos. Mantenha essa posição por 30 segundos. Depois disso, você pode relaxar e retomar sua posição sentada normal. Agora, você fará o mesmo, mas para o outro lado. Coloque a mão esquerda na cabeça e incline a cabeça para a esquerda. Mova seus olhos para cima e para a direita. Mantenha a posição por 30 segundos. Novamente, você pode manter a posição por mais tempo se não estiver sentindo nenhum efeito.

EXERCÍCIO #3

Para o terceiro exercício, novamente, fique em uma posição sentada, pegue a mão direita e coloque-a no topo da cabeça, inclinando-a para a direita. No entanto, desta vez, pegue a mão esquerda e estenda-a para agarrar seu lado direito. Em seguida, mova a cabeça para o lado direito e use a mão esquerda para puxá-la para o lado. Novamente, mova seus olhos apenas para cima e para a esquerda e mantenha a posição por 30 segundos. Em seguida, saia da posição e relaxe. Você deve se sentir um pouco mais calmo depois de fazer esse exercício. Faça o outro lado: coloque a mão esquerda no topo da cabeça e incline a cabeça para a esquerda. Use a mão direita para alcançar o lado esquerdo e puxe-o para o lado. Em seguida, mova seus olhos para cima e para o lado direito e mantenha a posição por 30 segundos. Mais uma vez, saia dessa posição e relaxe.

EXERCÍCIO #4

Para este próximo exercício, você precisa encontrar um lugar confortável para se deitar. Se você tiver um tapete de exercícios ou de ioga, provavelmente será melhor. Descobri que deitar de bruços em um piso acarpetado não é muito divertido, pois geralmente só me faz lembrar que preciso passar o aspirador de pó! Quando estiver pronto, você se apoiará nos cotovelos, com as mãos apontadas para a frente e apoiadas no chão. Em seguida, vire-se para a esquerda e olhe por cima do ombro. Como de costume, mantenha a posição por 30 segundos. Solte essa posição e relaxe; deite-se de bruços, se quiser, por alguns instantes. Agora, faça a mesma coisa, mas desta vez olhe por cima do ombro direito. Mantenha a posição por 30 segundos, depois se solte da posição e relaxe. Como você está usando os músculos do pescoço nesse exercício, ele pode ser muito bom para quem tem tensão nessa área e, como resultado, sofre de dores de cabeça e enxaquecas. Faça esse exercício e você deverá liberar parte da tensão e conseguirá aliviar a dor.

Acredite ou não, a respiração também pode ter um impacto sobre o nervo vago e o nervo vago sobre sua respiração. Isso é algo conhecido como "tônus vagal", que basicamente representa a atividade do nervo vago (Fallis, 2021). Quanto mais alto for o tônus vagal, mais fácil será retornar a um estado de relaxamento após um momento de estresse. Se conseguirmos encontrar uma maneira de ativar o nervo vago e aumentar o tônus vagal, devemos nos sentir menos estressados, menos ansiosos e, em geral, mais felizes. Um estudo de 2010 descobriu que as pessoas com um tônus vagal alto eram geralmente positivas em seus sentimentos e tinham boa saúde física (Kok et al., 2013). Há até mesmo estudos que sugerem que se as mães estiverem ansiosas e estressadas durante a gravidez (o que lhes dá um tom vagal baixo), isso na verdade é transmitido ao bebê quando ele nasce, e o bebê também compartilha um tom vagal baixo (Field & Diego, 2008). Existe até mesmo um dispositivo que pode ser implantado em você para ativar o nervo vago de vez em quando, mas essa é uma forma extrema de agir. A respiração profunda e lenta pode ativar o nervo vago e aumentar o tônus vagal.

Portanto, neste ponto, seria bom apresentar alguns exercícios de respiração para ativar o tônus vagal. Todos esses exercícios têm objetivos diferentes. O primeiro é permitir que você relaxe.

EXERCÍCIO DE RESPIRAÇÃO #1

Você pode começar sentando-se e colocando os braços ao redor da caixa torácica e da barriga, ou pode usar um travesseiro para colocá-lo à sua frente. Basicamente, você está se colocando em uma posição de abraço. Em seguida, inspire até sentir-se cheio e mantenha a respiração por quatro segundos; depois, expire por mais tempo do que inspirou e mantenha a respiração por seis segundos. Se quiser, você pode se "abraçar" com um pouco mais de força ao expirar, pois é isso que ativa o nervo vago. Em seguida, você pode transpor esse exercício para o chão para torná-lo ainda mais relaxante. Você pode se deitar de costas ou de frente. Se estiver de costas, com os joelhos para cima e os pés firmes no chão, você pode pressionar a barriga e o peito com as mãos. Se estiver deitado de frente, deite-se esticado e coloque um travesseiro ou almofada sob a barriga ou o peito para aumentar a pressão.

Em seguida, inspire por seis segundos e mantenha a respiração por quatro. Veja se consegue sentir o ritmo de seus batimentos cardíacos e use-o como contagem de quatro. Expire por oito segundos e depois mantenha a respiração por quatro segundos; continue repetindo. Se você sentir que pode aumentar o tempo de expiração, tente fazer isso. É essa duração da expiração que realmente alerta o nervo vago e o leva a um local de relaxamento. Uma última coisa que você pode fazer para relaxar ainda mais é deitar-se de costas com os joelhos para cima e os pés firmemente apoiados no chão. Coloque algo sob as nádegas e a região lombar. Isso serve para garantir que a pélvis fique mais alta do que a cabeça. Quando há muito sangue fluindo em direção à cabeça, isso alerta imediatamente o nervo vago e começa a diminuir a frequência cardíaca e a relaxar. Inspire até se sentir saciado. Engula e expire por mais tempo do que você inspirou. Depois, faça uma pausa momentânea até sentir a necessidade de inspirar novamente. Em seguida, inspire até se sentir cheio. Engula e expire por mais tempo do que inspirou. Faça uma pausa até que você precise inspirar novamente. Continue repetindo. Isso deve fazer com que você entre em um estado de relaxamento profundo e calma.

EXERCÍCIO DE RESPIRAÇÃO #2

O próximo exercício é um exercício agradável e fácil que você pode usar sempre que quiser e que ativará o nervo vago. A vocalização de sons pode ser realmente benéfica - é por isso que cantar geralmente é tão bom para você. O primeiro som a ser feito é o som de "mmm". Respire fundo - com a barriga, não uma respiração superficial com o peito - e, quando expirar, faça esse som de "mmm" pelo máximo de tempo que puder. Respire fundo novamente e, quando expirar, faça o som de "ahhh" dessa vez. Respire fundo e, ao expirar, faça o som de "ooh". Por fim, respire fundo e faça todos os três sons seguidos até ficar sem fôlego: "mmm, ahhh, ooh". Fazer esses sons é uma maneira muito boa de ativar o nervo vago nos momentos em que estiver se sentindo estressado.

MEDITAÇÃO GUIADA

Agora vou lhe fornecer uma meditação guiada para a estimulação do nervo vago. Como em todos os exercícios para o nervo vago, isso deve ajudá-lo a relaxar, sentir-se calmo e liberar qualquer tensão. Para isso, é necessário certificar-se de que está sentado confortavelmente.

- **1:** Certifique-se de respirar a partir da barriga e do diafragma e de não estar respirando superficialmente a partir do peito. Inspire por seis segundos e mantenha a respiração por quatro segundos.
- **2:** Expire por oito segundos e mantenha a respiração por quatro segundos.
- **3:** Continue repetindo.
- **4:** O mais importante a ser lembrado é que a expiração deve durar mais do que a inspiração. Mesmo que você fique relaxado o suficiente para parar de contar, é preciso garantir que a expiração seja mais longa do que a inspiração. Essa longa expiração estimula o nervo vago, deixa-o calmo e libera qualquer tensão.
- **5:** Você pode interromper a respiração, tomar consciência de todo o seu corpo novamente e, quando se sentir pronto, pode abrir os olhos.

PENDULAÇÃO

Pendulação é um termo criado pelo rei da experiência somática, Peter Levine. Como você provavelmente pode adivinhar pelo nome, ele descreve algo semelhante a um pêndulo, mas o que está oscilando, nesse caso, são seus sentimentos, emoções e sistema nervoso. Você está oscilando entre esse estado, que é o medo e a luta ou fuga, e o estado calmo e relaxado em que o nervo vago é estimulado e o tônus vagal é alto. Se uma pessoa puder aprender a se movimentar entre esses dois estados, então, quando entrar em um estado de ansiedade, estresse e se sentir tensa ou com dor, ela poderá aprender a mudar para o outro estado e terá uma chance de ficar mais relaxada, tranquila e à vontade. É claro que isso nunca é tão simples. Às vezes, tudo o que você pode fazer é passar para um estado menos doloroso ou menos ansioso, mas esse ainda é um lugar melhor do que aquele em que você começou. Isso também significa que você pode fazer isso em pequenas partes quando for para esses lugares sombrios e preocupantes.

Você está no controle, portanto, não precisa passar por tudo de uma vez. Você pode lidar com isso e depois voltar para o seu espaço seguro e protegido. Afinal, como você pode realmente saber o que é sentir-se feliz a menos que também tenha se sentido triste? Como saber o que significa calma sem se sentir estressado? Ambos os estados precisam existir, e precisamos entender e aprender a apreciar tanto o negativo quanto o positivo.

Peter Levine compara isso à contração e à expansão: O ritmo básico da vida é a contração e a expansão. Entretanto, quando uma pessoa fica traumatizada, o ritmo se torna contração e nada mais. Por meio da pendulação, a contração pode se abrir lentamente para uma expansão. Então, ainda haverá uma contração - o ritmo da vida - mas haverá uma expansão até que a pessoa se torne capaz de tolerar a contração, sabendo que uma expansão maior está por vir. Aqueles que estão felizes com a vida e vivendo-a ao máximo aprendem a respeitar e apreciar a contração, sabendo que ela leva à expansão quando estão calmos e abertos (Somatic Experiencing International, 2019).

Daqui à frente, daremos uma olhada em um exercício de pendulação. Esse primeiro exercício é particularmente útil se você estiver com dor ou sentir tensão em uma parte específica do corpo.

EXERCÍCIO DE PENDULAÇÃO

Para este exercício, você pensará em duas partes do seu corpo. Primeiro, pense na parte do seu corpo que está sentindo dor. Temos de reconhecer a dor no corpo antes de pensar em qualquer outra coisa. Muitas vezes, acho que a parte superior das minhas costas pode doer bastante se eu não estiver sentado adequadamente em minha mesa de trabalho, portanto, neste exercício, posso me concentrar nela e reconhecer a dor, mas, ao mesmo tempo, talvez possa fazer uma massagem e mostrar que me importo com ela. Em seguida, pense em uma parte de seu corpo que não esteja sofrendo e que não lhe cause nenhum problema. Talvez seja seu cabelo; talvez seja o dedão do pé. Seja o que for, pense nisso e em como é bom, como está livre de dor e como ajuda você a alcançar o que deseja. Em seguida, alterne entre os dois - pensando na dor e depois na parte boa de seu corpo. Ir para frente e para trás é o aspecto da pendulação. Contraia a dor e expanda a parte boa de seu corpo. Como eu disse, esse exercício é bom se você tiver uma parte específica do corpo com dor ou se estiver ansioso e isso se manifestar como um sintoma físico. Concentre-se nisso - talvez seja uma dor de estômago, uma dor de cabeça ou talvez seus braços estejam com coceira. Passe a pensar em uma parte do seu corpo que não esteja sendo afetada e alterne entre os dois. Sua ansiedade deve diminuir gradualmente à medida que você reconhece a ansiedade, mas também reconhece uma parte do seu corpo que está funcionando bem para você. Talvez você queira desacelerar a respiração ao fazer a troca para ajudar a dar aquele nível extra e a ativação do nervo vago para ajudá-lo a se acalmar.

TITULAÇÃO SOMÁTICA

A titulação pode ter um nome que soa complexo, mas não é um conceito complexo de se entender. É o processo de lidar lentamente com o trauma. Se uma pessoa considerasse seu trauma de uma só vez, seria demais e ela ficaria sobrecarregada. É o processo de lembrar-se lentamente e sentir-se confortável com seu trauma. Não se trata apenas de desacelerar o trauma, mas de desacelerar para ter tempo de apreciar como o seu corpo está se sentindo, as sensações que está captando e o mundo ao seu redor. Pode-se dizer que a pendulação usa a titulação porque você não se concentra apenas na parte que dói: Você se concentra nela por um tempo, depois em algo que não está doendo e volta. Você está pensando lentamente sobre o trauma. Você não se concentra apenas na parte que dói para sempre até que ela o domine completamente.

O nome "titulação" vem de um termo químico que descreve o gotejamento lento de produtos químicos potencialmente perigosos em um béquer para que a mudança química - transformar esses produtos químicos em uma substância inofensiva - ocorra com segurança. A opção insegura seria colocar os produtos químicos todos de uma vez, causando uma explosão.

TERAPIA COGNITIVO-COMPORTAMENTAL

A terapia cognitivo-comportamental (TCC) é um tipo de terapia voltada especificamente para pessoas que possam ter dificuldades de saúde mental. Ela se baseia na teoria de que as pessoas têm maneiras de pensar que não são benéficas para elas, e essas maneiras prejudiciais de pensar se tornam um hábito ou um padrão de comportamento. Ao ensinar às pessoas maneiras mais benéficas de pensar sobre as coisas, elas podem ser capazes de lidar muito melhor com a ansiedade, a depressão ou qualquer outro problema que possam estar tendo e talvez até mesmo se livrar desses problemas.

Como a TCC envolve mudar a forma como você pensa sobre as coisas e seus padrões de comportamento de pensamento, ela geralmente inclui fazer com que a pessoa perceba onde seu pensamento é exagerado ou menos moderado. Tente fazer com que a pessoa reconheça a realidade da situação e mude seu pensamento de acordo com ela. Pode fornecer determinadas habilidades de resolução de problemas para ajudar a pessoa em situações particularmente complexas. Também pode incluir proporcionar à pessoa confiança em si mesma e em seus instintos.

Já tive familiares próximos que passaram pela TCC. Embora eu perceba e aprecie sua capacidade de fazer com que uma pessoa lide melhor com o que está passando - fornecendo a ela o kit de ferramentas para aplicar sempre que sentir que as coisas estão saindo do controle -, ela nem sempre aborda a causa raiz do problema. Muitas vezes, ignora a causa real de sua depressão ou ansiedade.

Entretanto, não posso negar as evidências que existem para apoiar a visão de que a TCC pode fazer uma grande diferença na vida de outra pessoa e ajudá-la a conter e controlar as dificuldades pelas quais está passando. Um estudo de análise de ensaios controlados concluiu que a TCC foi eficaz ao lidar com a depressão severa, embora seu efeito não tenha sido muito grande (Lynch et al., 2009). Um estudo semelhante que lidou com dados anteriores concluiu que a TCC foi eficaz no tratamento de muitos casos de depressão, ansiedade, transtornos de pânico, fobias sociais e TEPT (Butler et al., 2006). Como há evidências empíricas que sustentam a eficácia da TCC, isso levou ao seu uso como tratamento oficial para pessoas com problemas de saúde mental.

Você pode pensar que a TCC é algo que precisa ser feito em conjunto com um terapeuta, mas, na verdade, o que o terapeuta faz é dar a você as ferramentas para usar em sua vida diária para ajudar a combater seus piores pensamentos e sentimentos. Em geral, é possível fazer exercícios por conta própria. Vou descrever aqui um excelente e simples exercício de TCC a ser seguido. Esse exercício é especialmente para aqueles que frequentemente se sentem deprimidos ou possivelmente ansiosos.

EXERCÍCIO DE TCC #1

Primeiro, escreva os pensamentos negativos que você tem em sua cabeça. Talvez seja: "Ninguém gosta de mim", "Sou inútil" ou qualquer outro pensamento desestabilizador que possa ter. Em seguida, escreva a possibilidade positiva oposta: "Eu gosto de mim" ou "Eu sou útil". Inicialmente, pode ser muito difícil aceitar a segunda afirmação. Ainda assim, com o tempo, quanto mais você repetir o exercício e se sentir confortável consigo mesmo, mais começará a aceitar a segunda afirmação como fato.

EXERCÍCIO DE TCC #2

Outro exercício que você pode fazer é quando naturalmente pensa negativamente sobre algo. Tente ignorar esse pensamento negativo e, em vez disso, concentre-se em cinco coisas positivas. Imagine que você não gosta de um cômodo porque detesta o carpete; tente pensar em cinco coisas positivas sobre o cômodo - você gosta das janelas grandes, das portas grandes, dos quadros na parede, da mesa redonda e da luz que entra quando faz sol lá fora. Tente pensar em cinco coisas boas sobre o que estiver achando negativo. Se você puder encontrar outra pessoa com quem fazer isso, melhor ainda: Vocês poderão trabalhar um com o outro e obter algum entusiasmo para encontrar aspectos positivos.

PSICOLOGIA ENERGÉTICA

O que é psicologia energética? Bem, David Feinstein, um dos primeiros defensores da psicologia energética, descreveu-a muito bem como "acupuntura sem agulhas" ("Energy Psychology", 2017). Embora isso simplifique um pouco, é uma descrição precisa. A psicologia energética envolve tocar em vários pontos do corpo, o que enviará mensagens de volta ao cérebro para regular suas emoções e sentimentos e ajudar a acalmá-lo e relaxá-lo. Geralmente, o toque é realizado em conjunto com a conscientização do corpo e dos sentimentos, pensamentos e comportamentos que talvez precisem ser mudados. Pode ser solicitado a alguém que esteja fazendo esse tipo de terapia que se lembre de um evento traumático enquanto o to que corporal é realizado.

Se o trauma estiver preso no corpo, o uso do tapping pode ser a maneira de liberar esse trauma e trazer alívio e paz à pessoa. Há vários tipos e técnicas de psicologia energética que são praticados. ("Psicologia Energética", 2017) Esses incluem:

- **Terapia do Campo do Pensamento (TCP):**
  Esse tipo de terapia exige que as batidas corporais

ocorram em uma ordem muito específica. A pessoa deverá se lembrar de um evento traumático e, em seguida, o toque ocorrerá na sequência necessária. Essa forma de terapia foi desenvolvida pelo Dr. Roger Callaghan, que alegou ter criado algoritmos relacionados à ordem correta de execução do toque.

- **Técnica de Acupressão Tapas (TAT):** A palavra tapas me dá fome. No entanto, essa técnica não tem nada a ver com comida espanhola em tamanho pequeno. O título dessa técnica leva o nome do homem que a inventou: Tapas Fleming. Essa técnica exige que a pessoa use os dedos para aplicar pressão nas áreas ao redor dos olhos, acima do nariz e na parte de trás da cabeça. A pessoa pode então precisar se concentrar em imagens que lhe causaram sofrimento no passado e, em seguida, se concentrar em imagens mais positivas. Em seguida, ela pode se concentrar no que acredita ter causado seus problemas e, então, concentrar-se na cura e no perdão.

- **Técnicas de Liberação Emocional (TLE):** Essa técnica não é muito diferente das outras. Ela exige que a pessoa se lembre de um evento traumático e, em seguida, que sejam feitas batidas em 12 pontos do corpo em uma ordem específica enquanto a pessoa declara afirmações. Essa técnica foi desenvolvida por Gary Craig e é uma variante da "Terapia do Campo do Pensamento".

Essas podem parecer o tipo de prática que você precisaria

que um terapeuta realizasse em você, mas todas elas são técnicas que podem ser autodidatas e realizadas por uma pessoa. Como todas as terapias e técnicas deste livro, é fácil encontrar tempo para incorporá-las à sua rotina diária.

Como acontece com muitas novas terapias, ainda não há evidências científicas genuínas que comprovem o verdadeiro valor da psicologia energética, mas estão surgindo pesquisas que sugerem que ela pode ter um impacto positivo sobre as pessoas que sofrem de trauma, ansiedade e estresse. Feinstein realizou uma pesquisa sobre todos os estudos realizados e concluiu que a psicologia energética realmente faz uma diferença valiosa no tratamento de pessoas com problemas emocionais e psicológicos (Feinstein, 2012). É claro que Feinstein é um grande defensor da psicologia energética, portanto, para ser justo, é preciso levar em conta o que ele diz com uma pitada de sal. No entanto, ele faz referência a muitos estudos independentes de todo o mundo, portanto, pode-se concluir que deve haver algo de verdade se tantas pessoas estão percebendo a diferença positiva que ela pode fazer. Pessoalmente, sou um grande defensor da TLE com toques, e me certifico de praticar pelo menos três sessões por dia. Notei uma profunda diferença positiva em minha ansiedade, TOC e inúmeras outras características.

EXERCÍCIO DE PSICOLOGIA ENERGÉTICA #1

Pronto para experimentar um exercício de psicologia energética? Vamos a ele. Primeiro, certifique-se de que está sentado em um lugar confortável. Agora, encontre uma área no lado esquerdo do seu peito ou logo acima que talvez esteja um pouco dolorida ou apertada. Esfregue-a um pouco com os dedos - faça círculos com os dedos sobre essa área - e depois diga algumas afirmações ao mesmo tempo. Tente dizer: "Eu me amo, me respeito e me valorizo - até mesmo meus defeitos". Você pode continuar a dizer isso enquanto esfrega a área dolorida. Em seguida, inspire profundamente e expire bem devagar. Faça uma pausa momentânea e pense em como você se sente e como seu corpo se sente depois disso.

EXERCÍCIO DE PSICOLOGIA ENERGÉTICA #2

Para o próximo exercício, você precisa cruzar o tornozelo esquerdo sobre o direito e colocar os braços no ar à sua frente - voltados para fora, de modo que os polegares fiquem voltados para baixo. Faça com as mãos o oposto do que fez com os tornozelos. Junte as mãos de modo que os dedos fiquem entrelaçados e enrole as mãos para dentro. Em seguida, coloque as mãos sobre o peito da maneira mais confortável possível. Agora, inspire pelo nariz e expire pela boca. Faça isso cinco vezes. Depois disso, você pode relaxar. Desencaixe tudo e faça uma pausa novamente para considerar como você e seu corpo se sentem. Em seguida, faça o mesmo exercício, mas, desta vez, coloque o tornozelo direito sobre o esquerdo e a mão esquerda sobre a direita. Vire as mãos e os braços para dentro novamente e, como da última vez, inspire pelo nariz e expire pela boca cinco vezes. Depois de fazer isso, relaxe e descruze tudo. Reserve um momento para pensar em como você se sente e em como seu corpo se sente. Finalmente, para finalizar, junte os cinco dedos de ambas as mãos e coloque-os para cima, de modo a formar uma espécie de pirâmide com as mãos. Sinta-se presente e consciente nesse momento. Respire profundamente usando a barriga e não o peito. Depois de algumas respirações, relaxe e pense novamente em como está se sentindo.

EXERCÍCIO DE PSICOLOGIA ENERGÉTICA #3

Quando você se sentir confiante com o exercício de cruzar os tornozelos e as mãos, há uma versão um pouco mais complexa que você pode querer fazer. Ela envolve olhar para o teto ou para o céu ao inspirar e olhar para o chão ao expirar. Então, para tornar as coisas ainda mais complicadas para você, mova a língua para o céu da boca ao inspirar e mova a língua para o fundo da boca ao expirar. Há muito a ser lembrado nessa versão do exercício, portanto, comece com o exercício simples e, depois que tiver aprendido tudo, talvez você possa passar para essa versão mais complexa e ver como fica. Depois, relaxe e descruze tudo. Mais uma vez, faça a forma de pirâmide com as mãos e reserve um tempo para estar no momento e consciente de como seu corpo se sente. Como você pode ver, não há necessidade de bater na testa ou de se deitar e ficar em posições difíceis. Isso é algo que pode ser facilmente encaixado em seu dia - talvez ao acordar ou antes de dormir. Sempre que tiver alguns minutos para si mesmo, procure fazer esses exercícios.

PSICOTERAPIA SENSO-MOTORA

As pessoas responsáveis por nomear as terapias adoram dar nomes difíceis a elas, não é mesmo? A psicoterapia senso-motora vem de sensório-motor, que encontramos anteriormente neste livro quando discutimos a amnésia sensório-motora. Esse tipo de psicoterapia, como a maioria na área de terapia somática, concentra-se no corpo para desbloquear e liberar traumas presos.

Pat Ogden começou a desenvolver esse tipo de terapia depois de trabalhar em um hospital psiquiátrico e perceber que os pacientes nunca relacionavam suas doenças físicas com seus problemas de saúde mental. Ela notou que aqueles que frequentavam a terapia tendiam a reviver e desencadear suas experiências traumáticas, e isso não ajudava a curá-los. Ogden começou a retificar essa situação combinando elementos da psicoterapia com elementos da terapia somática - algo que enfatizasse a ligação entre o corpo e a mente, e não a ignorasse. Ogden juntou-se a Ron Kurtz e, juntos, formaram um instituto de treinamento conhecido como Instituto de Psicoterapia Sensorimotora (*Sensorimotor Psychotherapy Institute*, 2015).

Assim como a maioria das terapias somáticas, a psicoterapia senso-motora acredita que o trauma pode ficar preso no corpo se não for tratado completamente no momento, o que pode resultar em problemas físicos e mentais. Ela tenta fechar esse trauma em um espaço seguro. Ela não acredita necessariamente que os detalhes exatos de um trauma precisem ser lembrados para liberá-lo de forma eficaz.

Embora a forma como a psicoterapia sensório-motora é aplicada possa variar de acordo com os profissionais e os problemas que estão sendo abordados, há três elementos principais que precisam ser enfocados:

- **1: Criar um espaço seguro:** Isso faz com que a pessoa se sinta confortável e permite que ela realmente se conscientize de seu corpo, de seus sentimentos e sensações, de seus movimentos e de seus padrões de respiração. Ter um lugar onde a pessoa se sinta protegida realmente a ajuda a ter consciência do seu corpo e do que ele está sentindo, tanto no momento quanto quando relacionado a experiências passadas.

- **2:** À medida que a pessoa relembra sua experiência traumática, é preciso observar o que ela sente e **onde sente**. Por exemplo, se uma pessoa disser que está se sentindo ansiosa, onde ela sente isso? Seu estômago está embrulhado em nós? Isso está causando dor de cabeça? Ela sente necessidade de coçar a pele? Isso pode ajudar a tentar reimaginar qualquer evento traumático incorporando essas sensações corporais.

- **3:** A pessoa precisa realizar a **ação necessária** que permitirá a liberação do trauma. Isso deve dar à pessoa uma sensação de satisfação, pois ela finalmente faz o que precisa ser feito e deixa o trauma de lado. A pessoa deve ser capaz de encontrar a calma e a paz que existem quando o trauma é finalmente colocado no passado e permanece lá.

A psicoterapia senso-motora tem como objetivo dar às pessoas a capacidade de controlar suas reações a eventos traumáticos e a consciência de como o trauma pode afetar o corpo - não apenas a mente. Ela também procura fornecer as ferramentas para diferenciar o passado do presente. Ela ajuda a considerar pensamentos e sentimentos - tanto na mente quanto no corpo - em vez de ficar sobrecarregado por um evento traumático.

Ainda não há muitas pesquisas sobre a eficácia da psicoterapia senso-motora. Entretanto, um estudo foi realizado com dez mulheres com histórico de abuso infantil. Elas participaram de 20 sessões semanais de terapia de grupo com base na psicoterapia senso-motora. O estudo concluiu que houve melhorias significativas na consciência dos corpos, na dissociação e na aceitação da paz e da calma (Langmuir et al., 2012).

Um aspecto frequentemente empregado na psicoterapia sensório-motora é o aterramento. Quando você sente que perdeu o equilíbrio no mundo e está instável mental e fisicamente, é necessário fazer o aterramento. Os exercícios de aterramento são descritos como a capacidade de plantar firmemente os pés no chão e dedicar um tempo para ter consciência do seu corpo e de tudo ao seu redor. Aqui estão alguns exercícios elementares de aterramento que você pode praticar em qualquer lugar:

- Há algumas variações que você pode fazer. Você pode colocar uma mão na testa e uma mão no coração, uma mão na testa e uma na barriga, ou uma mão no coração e uma na barriga. Escolha sua combinação ou experimente todas elas. Quando estiver em sua posição, aplique um pouco de pressão com as mãos e respire profundamente.
- Esfregue as mãos uma na outra, especificamente as palmas. Pense nisso como se você tivesse um graveto entre elas e precisasse criar fogo. Quando as palmas das mãos estiverem aquecidas pela fricção, coloque-as sobre os olhos, aplique um pouco de pressão e respire profundamente.

- Cruze os braços e segure a parte superior do braço, de modo que a mão esquerda fique na parte superior do braço direito, por exemplo. Aperte suavemente e continue a fazer isso em toda a extensão dos braços e de volta para cima novamente.

- Coloque a mão direita no lado esquerdo do peito e acaricie (como se fosse um gato) do ombro até o coração. Devo dizer que acho esse exercício particularmente reconfortante, mas dizem que acariciar um gato pode ser terapêutico; talvez seja o ato de acariciar que traga conforto.

- Coloque um pé em cima do outro e aplique um pouco de pressão. Troque seus pés e faça o mesmo.

Esses são apenas alguns exercícios simples que você pode fazer em casa. Em geral, a psicoterapia senso-motora é uma forma de terapia que precisa de um terapeuta para orientá-lo e interpretá-lo mais do que algumas outras terapias. Ainda assim, não é nada que não possa ser ensinado por você mesmo. Com os exercícios de aterramento, eu já lhe dei uma vantagem inicial sobre as atividades que você pode praticar facilmente em casa.

TERAPIA GESTALT

A terapia Gestalt consiste em concentrar-se no que está acontecendo no momento e não basear o presente no que pode ter ocorrido no passado. As pessoas submetidas à terapia gestalt são solicitadas a reimaginar essas experiências passadas. Por meio de várias técnicas e ferramentas, eles se conscientizam de como seus próprios padrões de pensamento e comportamentos estão afetando negativamente sua vida. Se conseguirem mudar esses comportamentos, poderão encontrar uma vida plena.

A palavra "gestalt" pode significar completo, e o psicoterapeuta que desenvolveu esse tipo de terapia, Fritz Perls, acreditava muito que as pessoas deveriam ser tratadas como um todo - mente, corpo e alma/espírito. Ele também acreditava que as pessoas só poderiam ser realmente compreendidas quando vissem as coisas com seus próprios olhos, não voltando mentalmente ao passado e permanecendo lá, mas trazendo o passado para o presente. A Gestalt Terapia defende que não adianta apenas falar sobre como uma pessoa se sente no passado, mas sim reencenar esses sentimentos no presente. Se a pessoa não conseguir trazer à tona os sentimentos no presente, isso pode levar a problemas de saúde física e mental. Peris acreditava firmemente que não fomos colocados neste mundo para tentar corresponder às expectativas de outras pessoas e, da mesma forma, as outras pessoas não são obrigadas a corresponder às nossas (Clarke, 2021). Ao proporcionar às pessoas a capacidade de se tornarem autoconscientes, elas apreciarão a conexão entre a mente e o corpo e encontrarão maneiras muito melhores de lidar com todos os arcos e flechas que a vida cotidiana pode lançar contra você.

Mas será que isso funciona? Bem, um estudo realizado em Hong Kong sobre pais ansiosos descobriu que, após quatro semanas de terapia gestalt, os pais tinham níveis de ansiedade mais baixos, estavam menos dispostos a evitar experiências internas, eram mais gentis consigo mesmos e demonstravam mais atenção plena em comparação com aqueles que não passaram pela terapia (Leung & Khor, 2017). Um estudo realizado em mulheres com depressão constatou que a depressão foi reduzida de forma eficaz com o uso da terapia gestalt (Heidari et al., 2017). Por que esses estudos parecem se concentrar em mulheres, não tenho certeza. Ainda assim, um estudo realizado com mulheres divorciadas concluiu que, após 12 sessões de terapia gestalt, as mulheres demonstraram muito mais autoconfiança em suas habilidades (Saadati & Lashani, 2013).

Eu diria que a terapia gestalt é uma forma de terapia que é melhor praticada com um terapeuta do que sozinho. Entretanto, há exercícios simples e diretos de terapia gestalt que você pode fazer em casa se quiser explorar essa área.

EXERCÍCIO DE TERAPIA GESTALT #1

Este exercício é conhecido como meditação de varredura corporal e nos ajuda a nos conectarmos com nossos corpos - uma parte essencial da terapia gestalt e da terapia de cura somática. Certifique-se de encontrar um lugar confortável e tranquilo para se deitar. Feche os olhos e perceba sua respiração, como o ar está entrando e saindo do corpo e como sua barriga sobe e desce. Reserve alguns minutos para se concentrar em como está respirando e no que seu corpo está fazendo. Após esses minutos, comece a se concentrar nos dedos do pé esquerdo e imagine sua respiração descendo por todo o corpo, pela perna e pelos dedos do pé. Concentre-se em qualquer sensação que possa ter nos dedos dos pés e fique atento a essas sensações - seja curioso a respeito delas. Agora, mova seu foco ao longo do pé - dos dedos até o calcanhar e o tornozelo do pé. Não tenha pressa ao descer. A cada vez, volte a se concentrar nessa parte do pé e imagine sua respiração fluindo para essa parte do corpo e o que seu corpo sente como resultado.

Passe por toda a perna até a pélvis, fazendo a mesma coisa. Em seguida, faça o mesmo com a outra perna. Agora, concentre-se na barriga e na parte inferior das costas, depois na parte superior das costas e no tórax, e suba pelo resto do corpo até chegar aos ombros. Depois disso, concentre-se nos dedos das duas mãos simultaneamente e suba pelos dois braços até chegar novamente aos ombros. Agora, mude o foco para a cabeça, subindo pelo pescoço, queixo, boca, nariz, olhos e tudo o mais, passando pela parte de trás da cabeça e terminando no topo da cabeça. Agora, mude o foco para todo o corpo e sinta a respiração entrar pelo topo da cabeça e sair pelas pontas dos dedos dos pés. Em seguida, sinta-a entrar pelos dedos dos pés e sair pelo topo da cabeça; continue fazendo isso por alguns minutos. Em seguida, perceba lentamente que sua barriga está subindo e descendo a cada respiração novamente. Comece a mover parte do corpo, como as mãos e os pés, e quando sentir que está pronto, abra os olhos lentamente. Talvez você queira permanecer deitado por algum tempo antes de finalmente se levantar do chão e começar a se movimentar novamente. Você pode aproveitar a oportunidade para anotar qualquer sentimento particularmente forte que teve durante a meditação ou fazer comparações sobre como se sentiu antes e depois.

TERAPIA DO FOCO

A focalização é exatamente o que parece. Você se concentra em si mesmo e aprende a ouvir os sentimentos mais íntimos que seu corpo está tentando lhe dizer. A focalização pode ser praticada por qualquer pessoa que tenha aprendido os procedimentos. Ela pode ser usada com a frequência que a pessoa que está se concentrando desejar. A pessoa que faz a focalização é quem está no controle do que acontece.

A focalização foi desenvolvida por Eugene Gendlin na década de 1950, quando ele pesquisava o que, em particular, tornava a psicoterapia benéfica para as pessoas. Ele descobriu que as pessoas que aparentemente tiravam o máximo proveito da psicoterapia eram aquelas que tinham sentimentos que não eram facilmente explicáveis. Ainda assim, essas pessoas eram capazes de colocar descrições ou imagens nesses sentimentos. Isso fez com que as pessoas descobrissem o que ainda não havia sido descoberto, o que permitiu que a psicoterapia continuasse avançando. Gendlin também observou que isso normalmente era acompanhado por um suspiro ou respiração profunda da pessoa, o que significava algum tipo de liberação. Para aqueles que praticam a cura somática, eles podem muito bem dizer que é o trauma que está sendo liberado (Jordan, 2016).

Gendlin criou a focalização para ajudar aqueles que não conseguiam acessar tão facilmente a capacidade de escavar esses sentimentos sem nome tão profundamente ocultos. Inicialmente, ele escreveu que a focalização consistia em seis etapas principais:

- **1:** Criar um espaço.
- **2:** Encontrar esses sentimentos internos desconhecidos - que Gendlin descreveu como um "sentimento sentido".

- **3:** Encontre uma descrição ou título para seu " sentimento sentido".

- **4:** Repita esses títulos ou descrições para garantir que correspondam corretamente ao "sentimento sentido".

- **5:** Tente perguntar: É aqui que a pessoa que está se concentrando fará a si mesma perguntas que não podem ser respondidas simplesmente com um "sim" ou "não", como, por exemplo, "O que foi tão difícil nisso? Por que você não consegue superar isso? O que foi tão bom nisso?"

- **6:** Tenha uma descarga em seu corpo, que Gendlin chamou de "mudança sentida". Obviamente, é muito benéfico para a pessoa que está fazendo a focalização se ela experimentar uma "mudança sentida", mas isso não é essencial. A focalização é um processo contínuo, portanto, o ponto de partida e o ponto de chegada da pessoa que está focalizando podem ser dois lugares muito diferentes (Jordan, 2016).

Um estudo com 87 pessoas descobriu que a focalização pode ser eficaz para dar apoio àqueles que sofreram traumas graves (Zweircan & Joseph, 2018). Alguns diriam que a evidência está na própria pesquisa de Gendlin, quando ele desenvolveu a ideia de foco.

Agora vamos percorrer as seis etapas que Gendlin identificou na forma de um exercício, e você poderá ver se o foco é algo que pode fazer diferença em sua vida. Esse exercício pode levar de 20 a 30 minutos, portanto, você precisa liberar algum espaço em seu itinerário. Em vez de assistir a um programa de TV no qual você já sabe o que vai acontecer, talvez você possa fazer este exercício. Você pode se deitar em uma cama (talvez faça isso ao acordar ou antes de dormir) ou no chão. Se preferir, também pode sentar-se em uma cadeira com os pés firmemente apoiados no chão.

- **1:** A primeira etapa é liberar o espaço para que possamos fazer um rápido exercício de relaxamento. Fique confortável e respire fundo. Observe o peso de seu corpo no chão, na cama ou na cadeira. Certifique-se de que todas as roupas que possam estar muito apertadas estejam soltas e feche os olhos. Inspire e expire e observe sua respiração enquanto estiver fazendo isso. Faça isso várias vezes e fique atento apenas à sua respiração. Observe qualquer parte de seu corpo em que haja tensão. Imagine essa tensão como um rio de água que está correndo pelo seu corpo e saindo pelos dedos das mãos e dos pés. Continue a respirar, deixando a tensão escorrer pelos dedos das mãos e dos pés. Agora, encontre um lugar em seu corpo onde você se sinta em paz.

- **2:** Lentamente, passe para o próximo exercício e encontre essa "sensação". Mantenha os olhos fechados e pense no centro de seu corpo. Tente se lembrar de uma experiência na semana passada que tenha sido preocupante ou difícil para você. Pense sobre essa experiência e tente formar uma imagem dela em sua mente. Tente deixar de lado todos os pensamentos que teve sobre ela e busque o "sentimento sentido" - aquele sentimento que você teve quando a experiência ocorreu e não como se sentiu depois. Deixe de lado os pensamentos e tente apenas sentir a sensação dessa experiência em você.

- **3:** Agora você precisa encontrar um título, uma descrição ou uma imagem para essa "sensação sentida". Mantenha os olhos fechados, continue respirando e veja se alguma palavra ou imagem lhe vem à mente.

- **4:** Repita essa palavra ou imagem e veja se ela ressoa em você. Veja se ela realmente corresponde à "sensação" que você teve no centro do corpo sobre sua experiência. Continue comparando uma com a outra. Você saberá quando estiver certo, pois sentirá seu corpo concordar com você.

- **5:** O que você acha que está perguntando a si mesmo? Depende de cada experiência o tipo de pergunta que pode surgir, mas talvez você esteja se perguntando coisas como: "O que há de tão difícil nessa experiência para mim?" Entre cada pergunta, espere um minuto ou mais para determinar o que o seu "sentimento sentido" está lhe dizendo. Em seguida, veja quais palavras ou imagens lhe vêm à mente para rotular esse sentimento. Agora, tente fazer com que seu corpo sinta como seria se essa situação ou experiência sobre a qual você está refletindo estivesse realmente bem. Reserve um minuto ou mais para sentir isso. Depois, pergunte a si mesmo: "O que está impedindo a experiência de ficar bem?" Não responda com sua mente. Devo dizer que sempre acho difícil resistir a essa pergunta, mas tente. Você precisa senti-la em seu corpo novamente. Como nos outros pontos, isso pode levar um minuto ou mais para que algo venha à tona. Mais uma vez, ouça esse "sentimento sentido" em seu corpo e pense em uma palavra ou imagem que possa representar o que está impedindo que a experiência seja boa. Por fim, tente descobrir o que pode fazer com que você passe da experiência negativa para uma positiva ou, pelo menos, muito mais suportável. Novamente, não responda com sua mente: Deixe seu corpo falar. Aqui, você pode fazer mais algumas perguntas. "Parece certo fazer isso?" Se o seu "sentimento sentido" estiver dizendo não, então você precisa reconsiderar; se o seu "sentimento sentido" estiver dizendo "Sim, está certo", então você pode parar por aí.

Esperamos que, ao final disso, você sinta que tem algum tipo de resposta para o seu problema. Mesmo que não tenha, as soluções podem surgir mais tarde. No momento, reserve um tempo para fazer uma pausa e apreciar a si mesmo. Aprecie o "pensamento" que seu corpo fez em relação ao problema que você está tendo.

Então, quando se sentir pronto para isso, abra os olhos e comece a se conscientizar da sala e de tudo ao seu redor. Se você teve sorte, é bem possível que tenha conseguido liberar a tensão no final da quinta etapa. Se não teve, não tem problema. Como eu disse antes, esse não é o objetivo principal da concentração. O ponto principal é conhecer seu corpo, compreendê-lo e ouvi-lo para que você realmente saiba o que está sentindo e qual é a melhor maneira de resolver seus problemas.

TERAPIA DE PSICODRAMA

Não se preocupe. Isso não envolve Anthony Perkins em uma peruca de Psicose ou algo do gênero. A terapia de psicodrama é uma forma de terapia que exige que a pessoa se envolva em ações para resolver seus problemas. Isso pode incluir dramatização e terapia de grupo.

O psicodrama surgiu no início dos anos 1900 graças ao psiquiatra Jacob Moreno, que realizou sua primeira sessão de psicodrama em 1921. Ele passou a acreditar no psicodrama devido ao seu apreço pela terapia de grupo e ao seu próprio interesse pelas artes teatrais. A ideia por trás do psicodrama é que, usando técnicas dramáticas, a pessoa encontrará a verdade. Ela poderá ver a maneira como se comporta com os outros e em situações e ajudará as pessoas a lidar com os problemas emocionais que possam ter em suas vidas. Pode ser usado para representar episódios passados, presentes ou futuros. Atacar as questões dessa forma pode dar às pessoas uma nova perspectiva sobre seus problemas e a melhor maneira de lidar com eles ("Psychodrama", 2016).

Em geral, o psicodrama é realizado como terapia de grupo, com a experiência de uma pessoa sendo representada e as outras pessoas do grupo assumindo outros papéis nessa situação. No entanto, você pode realizar aspectos do psicodrama por conta própria, embora não seja tão simples quanto algumas das outras terapias para inserir em sua vida diária.

Normalmente, há três seções principais na terapia do psicodrama: aquecimento, ação e compartilhamento. A seção de aquecimento serve para estimular a confiança e a segurança e garantir que os participantes se sintam dispostos e confortáveis no ambiente e na terapia. Isso pode incluir os participantes se apresentarem enquanto desempenham algum tipo de papel. Na seção de ação, uma experiência na vida de uma pessoa será representada. Normalmente, há certos métodos usados para conseguir isso, que incluem:

- **Inversão de papéis:** A pessoa não interpreta a si mesma, mas interpreta outra pessoa importante em sua vida. Isso pode proporcionar uma melhor compreensão do motivo pelo qual a "outra pessoa" pode se comportar como se comporta, criando, portanto, empatia; pode ajudar a pessoa a entender melhor seu relacionamento com a "outra pessoa".
- **Espelhamento:** A pessoa se torna um espectador enquanto outras pessoas encenam uma experiência de sua vida. Isso pode ser útil se a pessoa estiver se sentindo muito distante de seu ser, não estiver em

contato com suas emoções e sentimentos ou se
estiver se sentindo excepcionalmente negativa em
relação à experiência.

- **Duplicação:** Outra pessoa assume o papel da
  pessoa e expressa o que ela acha que são os
  pensamentos e sentimentos da pessoa. Esse
  método pode ser usado para construir uma
  compreensão da pessoa ou para desafiar, de forma
  agradável, a maneira como a pessoa está se
  comportando nesse cenário.

- **Solilóquio:** Em uma situação de terapia de grupo,
  isso seria feito para os outros membros do grupo
  ou para um terapeuta. No entanto, você pode fazer
  isso sozinho e, se precisar de uma plateia, sempre
  poderá fazê-lo com seu parceiro, membro da
  família ou amigo próximo - desde que o assunto
  sobre o qual esteja falando não diga respeito
  diretamente a eles. Você pode até usar uma cadeira
  vazia para expressar seus sentimentos.

A seção de compartilhamento é quando a pessoa caminha
e tenta entender melhor o que acabou de acontecer e por quê,
como resolver melhor as coisas no presente ou como resolver
melhor os mesmos tipos de cenários no futuro.

Acho que o psicodrama é uma das terapias menos confortáveis para uma pessoa se submeter - principalmente se você
tiver passado por eventos traumáticos. Entretanto, para
aqueles que realmente lutam para expressar suas emoções ou
para aqueles que, talvez, precisem controlar suas emoções,
essa pode ser uma das terapias mais gratificantes.

Um estudo sobre a eficácia do psicodrama em meninas do

ensino médio que sofreram traumas constatou que ele reduziu a ansiedade e a depressão, e as meninas ficaram menos retraídas (Carbonelli & Parteleno-Barehmi, 2016). Outro estudo relatou que o psicodrama pode ser um tratamento eficaz para adolescentes com trauma (Mertz, 2013). Uma pesquisa realizada com pessoas em um centro de dependência que tinham TEPT constatou que, depois de se submeterem ao psicodrama, houve uma redução de 25% nos sintomas de TEPT (Giacomucci & Marquit, 2020).

Como vimos, o psicodrama é principalmente uma terapia de grupo, mas é possível realizar exercícios por conta própria. Tudo o que você precisa é de uma cadeira vazia; a cadeira representa a outra pessoa em sua vida com a qual esse cenário está lidando. Mova a cadeira adequadamente; coloque as cadeiras próximas umas das outras se você se sentir próximo da pessoa. Se você se sentir distante da pessoa, coloque as cadeiras afastadas. Em seguida, sente-se na cadeira que o representa, finja que a outra pessoa está sentada na outra cadeira e diga tudo o que sentir que precisa dizer a essa pessoa. Pode ser que haja perguntas que você queira fazer - não apenas expressar um sentimento. Depois de fazer isso, levante-se e vá se sentar na outra cadeira e faça o papel da outra pessoa, talvez dando respostas às perguntas ou respondendo ao que você disse. Por fim, sente-se novamente em sua cadeira e volte a ser você mesmo, respondendo ao que a outra pessoa disse. Você pode, então, continuar a conversa até chegar à resolução de que precisa. Talvez você queira gravar a conversa, pois, às vezes, pode ser um grande choque o que você diz, seja como você mesmo ou como a outra pessoa. No entanto, isso deve durar apenas alguns minutos. Esse tipo de exercício pode ser muito útil se houver sentimentos ou situações que não foram resolvidos. Muitas vezes, ele pode ser útil quando a pessoa com quem você tem esses sentimentos não resolvidos não está mais conosco, pois você nunca teria a oportunidade de ter essa conversa na vida real. Seja qual for a situação, esse exercício pode ser muito útil para lidar com essas questões e sentimentos não resolvidos, ajudando-o a se sentir melhor consigo mesmo e com as outras pessoas, e tornando-o determinado a seguir em frente em sua vida.

DESSENSIBILIZAÇÃO E REPROCESSAMENTO POR MOVIMENTOS OCULARES (DRMO)

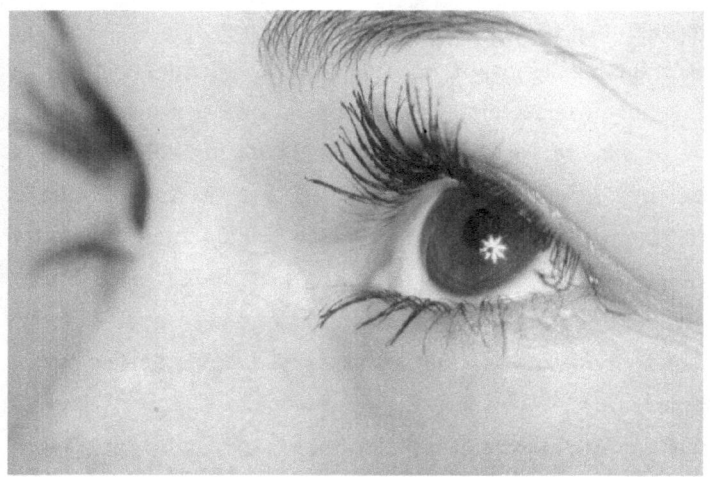

DRMO é uma terapia que busca curar as pessoas de traumas. A DRMO trabalha com a teoria de que, assim como o corpo tenta curar uma ferida, o cérebro também precisa se curar de um evento traumático. Quando ele não consegue se curar e processar adequadamente, é aí que surgem os problemas de saúde mental. A DRMO ajuda a reativar esse processo de cura.

Como o nome sugere, os movimentos dos olhos são usados durante a terapia. A pessoa que se submete à DRMO pensa em certas coisas relacionadas a uma experiência enquanto faz movimentos específicos com os olhos. Isso ajuda a pessoa a começar a processar essas memórias e sentimentos. Em vez de se sentir negativa em relação a essas lembranças, ela começa a se sentir positiva por ter superado essas experiências. O movimento dos olhos funciona por causa da função semelhante que ocorre durante o sono com o movimento rápido dos olhos (REM). Sim, foi daí que a banda tirou seu nome, caso você ainda não saiba.

O DRMO se concentra no passado, no presente e no futuro. Ele examina as experiências traumáticas do passado, os problemas do presente e as resoluções que podem ser alcançadas no futuro.

Há oito fases que ocorrem durante o DRMO. São elas:

- **1: Registro do histórico:** O indivíduo analisa quais experiências podem ser potencialmente tratadas com DRMO. Ele também pode pensar sobre quais habilidades ou mudanças de comportamento podem ser necessárias no futuro para lidar com essas questões.
- **2: Identificação de ferramentas para lidar com o sofrimento emocional:** Uma pessoa pode aprender diferentes técnicas e estratégias para ajudar a reduzir o estresse entre cada sessão de DRMO.
- **3, 4, 5 e 6: A terapia DRMO:** Uma experiência é identificada e submetida à terapia EMDR. Durante esse processo, a pessoa reconhecerá uma

imagem para associar à experiência, os sentimentos negativos que tem sobre si mesma e quaisquer sentimentos associados, tanto física quanto mentalmente. Em seguida, ela desenvolverá sentimentos positivos sobre si mesma. A pessoa considerará esse sentimento positivo em comparação com o sentimento negativo. Em seguida, a pessoa se concentrará na imagem, no sentimento negativo e nos sentimentos corporais enquanto estiver fazendo DRMO. Isso pode incluir toques e audição de tons. A pessoa observará como reage naturalmente a essas coisas. Após cada seção de movimentos, toques ou tons, a pessoa tentará deixar a mente em branco e anotar o que vier primeiro à mente. O resultado disso determinará que tipo de DRMO será empregado em seguida.

- **7: Encerramento:** A pessoa mantém um registro durante a semana detalhando tudo o que ocorrer de relevante. Ele é usado para reafirmar as atividades que a pessoa desenvolveu para lidar com as coisas na segunda fase.
- **8: Relatório de progresso:** A fase final consiste em relatar o progresso obtido.

Um estudo de 24 ensaios concluiu que a DRMO tem efeitos positivos no que diz respeito ao tratamento de traumas emocionais. Sete dos dez estudos o consideraram mais eficaz do que a TCC (Shapiro, 2014). Preciso acrescentar que o estudo foi escrito por Francine Shapiro, que concebeu e desenvolveu a DRMO, portanto, é preciso ter isso em mente ao considerar os resultados. No entanto, há outros estudos. Uma revisão sistemática da literatura identificou que a DRMO melhora os sintomas de trauma (Valiente-Gomez et al., 2017). Outra análise de todos os dados referentes a ensaios de DRMO concluiu que a terapia de DRMO reduziu significativamente os sintomas de TEPT (Chen et al., 2014).

DRMO é outra terapia com a qual é melhor encontrar um terapeuta para trabalhar, mas ainda pode ser trabalhada por você mesmo no conforto de sua casa. Aqui está um exercício para provar isso:

DRMO EXERCÍCIO #1

Se você se sentar confortavelmente em algum lugar, cruze as mãos sobre o peito de modo a fazer uma forma de borboleta com os dedos apontando para cima. Em seguida, junte os dois polegares. Use as mãos para bater alternadamente nos lados esquerdo e direito do peito. Isso é feito para que os lados esquerdo e direito do cérebro formem uma conexão. Observe o ambiente ao seu redor e tudo o que estiver acontecendo. Tudo isso deve ajudá-lo a se acalmar e a ter uma sensação de paz. Também deve ajudá-lo a lidar e processar qualquer que seja o problema atual que esteja causando estresse.

7

TRAUMA DA VERGONHA: CURANDO A CRIANÇA INTERIOR E

O trauma da vergonha é algo que, infelizmente, ocorre com muita frequência e geralmente está ligado a experiências que ocorreram na infância de alguém. Pode ser difícil procurar ajuda e lidar com as emoções e os sentimentos que frequentemente se manifestam. Mas se você o fizer, a terapia de cura somática pode ajudar a aliviar parte da dor.

CURANDO A CRIANÇA INTERIOR POR MEIO DA TERAPIA SOMÁTICA

A vergonha, como qualquer trauma, fica "presa" em uma pessoa. Ela acha difícil superar esse momento e liberar a vergonha, de modo que ela permanece dentro dela, causando tensão da mesma forma que qualquer trauma. A vergonha, no entanto, tende a não ser causada por um incidente específico, como um acidente de carro ou uma guerra, mas ocorre lentamente, ao longo do tempo, incidente por incidente, fazendo com que a pessoa sinta que há algo errado com ela e que não tem valor no mundo. Ela começa a acreditar que tudo o que acontece de errado em sua vida é culpa dela. Todos os seus problemas não são culpa de ninguém, a não ser dela própria. Às vezes, é claro, uma pequena dose de vergonha pode ser uma coisa boa. Você fez algo embaraçoso quando estava bêbado e acorda no dia seguinte sentindo-se envergonhado, então liga para as pessoas que impactou e pede desculpas. A vergonha, nesse sentido, nos ajuda a reavaliar nosso comportamento e relacionamento com as pessoas, mas a vergonha tóxica não é assim. Ela é maior em escala e é um incidente repetido que nos corrói até que nossos corpos e mentes não consigam mais lidar com ela. Muitas vezes parece que não há um processo para reavaliar ou tomar qualquer medida para superar a vergonha.

Para que uma pessoa lide com seu trauma de vergonha, ela precisa sentir que está em um espaço confortável e seguro. Isso é importante para o trauma em geral, mas é ainda mais importante para a vergonha. Muitas vezes, a pessoa pode ter de lidar com seus sentimentos mais profundos e sombrios, e isso só pode ser feito em um espaço seguro onde ela se sinta confortável o suficiente para se abrir sobre essas coisas.

Há vários motivos pelos quais a terapia de cura somática, em particular, é eficaz para a vergonha. Uma delas é que ela está muito enraizada em lidar com o presente, fazendo com que a pessoa pense no aqui e agora e esteja consciente de seus corpos. Trata-se de ouvir seus corpos e não apenas suas mentes. Com a vergonha, é fácil para uma pessoa se desconectar de seus corpos e parar de prestar muita atenção aos detalhes do que está acontecendo ao seu redor. A terapia somática é boa para quebrar esse hábito.

Outra coisa para a qual ela é útil, que abordamos em um

capítulo anterior, é a pendulação. É fazer com que a pessoa vá e volte, de um estado de ser para o outro, e não fique presa em um único estado. As pessoas que lidam com a vergonha estão definitivamente presas, e a pendulação pode ajudá-las a sair desse estado de forma lenta e segura.

Embora haja um sentimento de vergonha embutido em nós, não é realmente possível sentir vergonha a menos que alguém tenha nos envergonhado. É extremamente importante que qualquer pessoa que esteja passando por esse tipo de trauma perceba que a vergonha está sendo colocada em você. A culpa não é sua, de forma alguma. Esse sentimento de vergonha é mais comumente colocado sobre nós por pessoas no poder, seja na família, nos amigos, nos relacionamentos ou no trabalho, para citar alguns. Para ser justo com as pessoas que detêm o poder em nossas vidas, muitas vezes elas não percebem o que estão fazendo, mas, mesmo assim, são elas que nos envergonham. Da mesma forma, qualquer negligência ou uma criança facilmente descartada pode crescer com sentimentos de vergonha, que podem ser facilmente desencadeados mais tarde na vida.

Um dos elementos estranhos da vergonha é que, muitas vezes, quando as pessoas se sentem envergonhadas, elas tentam envergonhar os outros. Podemos envergonhar alguém porque essa pessoa reacendeu a vergonha em nós. No entanto, a solução para perder esse sentimento de vergonha geralmente é voltar ao motivo original. Infelizmente, isso pode ser rotineiramente a vergonha transmitida por tutores ou cuidadores. Eles nem sempre pensam nas consequências que seu comportamento terá e em quanto tempo esse impacto pode durar.

Muitos acreditam que a melhor maneira de finalmente se

livrar da vergonha é devolver a vergonha àqueles que o enver-
gonharam. Eles também acreditam que isso precisa ser feito
com força, já que, na maioria das vezes, a vergonha foi distri-
buída com força (Lyon, 2017). Isso não precisa ser feito de
uma só vez; pode ser provisório no início e ir se tornando
mais vigoroso, mas geralmente precisa ser vigoroso para ter o
efeito desejado. Também preciso ser claro: Você não precisa
devolver à pessoa na vida real (embora isso possa ser uma
opção separada da terapia somática), mas fazê-lo de forma
imaginária. Isso pode ser difícil apenas como uma ação, mas
muitas pessoas hesitam porque realmente sentem vergonha
de devolver a vergonha - principalmente se for para um
membro da família ou alguém próximo. No entanto, é preciso
deixar claro que há uma enorme diferença entre chamar a
atenção para coisas que estão erradas e envergonhar alguém.
Também é importante dizer que a pessoa a quem você está
devolvendo sua vergonha, com toda a honestidade, provavelmente não quis dizer o que fez ou não entendeu realmente o
que estava fazendo e qual seria o efeito disso. Talvez ela tenha
se sentido envergonhada e tentado passar a vergonha adiante.
A vergonha também pode passar de geração em geração;
talvez o cuidador que o envergonhou tenha sido envergonhado pelo cuidador dele. O receptor da vergonha a devolve
ao doador dessa vergonha e sente uma alívio e paz dentro de
si por causa disso.

A família em que crescemos e até mesmo a sociedade em
que crescemos moldam nossas impressões e crenças iniciais.
Se nem sempre forem experiências positivas, elas podem se
tornar crenças limitantes, como o pensamento do tipo "não
sou bom o suficiente para isso" ou "não mereço isso". Se
alguém lhe disser com frequência: "Você nunca será grande

coisa", com certeza você começará a limitar sua própria crença em si mesmo. Se todos disserem: "Seu irmão é muito melhor do que você", você pode acabar acreditando nisso. Isso também pode se aplicar à sociedade. Se determinados grupos de pessoas não recebem mensagens positivas, não é de se admirar que comecem a se questionar e a perguntar se têm algo a oferecer ao mundo. Quando você toma consciência dessas coisas, isso pode se tornar um grande alívio. A vergonha e a culpa que você sentia não eram genuínas: Elas foram colocadas em você pelas pessoas ao seu redor e pela própria sociedade. Quando uma pessoa se dá conta disso, pode ser um momento de libertação.

Isso pode se estender até mesmo à cultura em que você foi criado. Digamos que você tenha sido criado em uma cultura em que todos devem ser muito machistas. Todo mundo diz "seja homem" ou "meninos, não chorem". Suponhamos que você cresça em uma cultura machista como essa. Nesse caso, não é de surpreender que você provavelmente tenha dificuldade em demonstrar qualquer tipo de emoção ou sentimento a qualquer outra pessoa e seja um tanto agressivo na maioria das situações em que se encontra. Todos esses tipos de coisas podem influenciar nossa criança interior e dificultar nossa vida quando formos mais velhos. Considerando que o Talibã acabou de retomar o controle do Afeganistão, talvez você viva em uma cultura e sociedade em que a educação das mulheres não é valorizada. Talvez, com o tempo, algumas pessoas tenham sofrido uma lavagem cerebral para acreditar nessa doutrina absurda. Alguém lhe pergunta: "Por que você não faz o que realmente quer fazer com sua própria vida?" Você responde: "Não, não é isso que devo fazer. Não sou capaz de fazer isso", mas você é. A sociedade impôs a si mesmo uma crença limitadora, e você começa a acreditar nela. Você acaba fazendo coisas que nunca quis fazer porque acredita que isso é o certo para você e, se seguir um caminho diferente, sentirá vergonha.

Mesmo que rejeitemos conscientemente os valores e as crenças que achávamos que eram verdadeiros e que agora percebemos que são falsos, ainda há a questão de nossa mente subconsciente. Estima-se que a mente subconsciente seja responsável por 90% de nossos sentimentos e comportamentos e que uma decisão ou ação consciente seja geralmente precedida por uma inconsciente (Meyer, 2020).

A mente subconsciente é realmente extraordinária. Se pensarmos em quando éramos bebês, esse era o motor que nos movia. Não temos realmente uma mente consciente até os cinco ou seis anos de idade. É a mente subconsciente que está totalmente no controle do que fazemos até esse momento. É como uma esponja que absorve tudo o que está acontecendo ao seu redor e depois o processa. É inevitável que ela tenha uma grande influência sobre a mente consciente.

Quando somos muito jovens, nossa mente normalmente absorve qualquer informação nova e a leva a sério, pois não temos um conjunto de valores, crenças e experiências vividas para julgá-la. É por isso que esses primeiros anos são tão importantes e podem ter um impacto duradouro sobre nós pelo resto de nossas vidas. Quando chegamos aos cinco ou seis anos, já temos um sistema de valores e crenças para julgar qualquer nova informação, e é isso que nosso subconsciente faz. Portanto, muitas vezes é a maneira como vemos o mundo nessa fase da vida que afeta a maneira como o veremos mais tarde.

A criança interior, portanto, pode ser vista como parte de nossa mente subconsciente. As experiências e, possivelmente, os traumas pelos quais passamos durante os primeiros anos não são simplesmente esquecidos - para nunca mais serem vistos. Tudo isso é agrupado em uma pequena parte de quem somos e influencia nossa saúde e felicidade ao longo da vida.

Entretanto, se essa criança interior estiver magoada ou com raiva e isso estiver causando um impacto negativo em nossa vida, isso não significa que não possamos fazer nada em relação ao nosso subconsciente e à nossa criança interior. É aqui que a experiência somática realmente entra em ação. Anteriormente, todas essas coisas estavam acontecendo e nem sequer estávamos cientes. Mas, por meio das experiências somáticas, tomamos consciência de nós mesmos e de nossos corpos. Estamos ouvindo a nós mesmos e a nossos corpos. Portanto, podemos fazer um esforço consciente para reprogramar nosso subconsciente com pensamentos positivos e amorosos. Isso pode ser a maneira como falamos com nós mesmos, as pessoas que nos cercam e até mesmo coisas como a mídia social. Para todos os pensamentos e sentimentos negativos que você tem sobre si mesmo ou que ouve de outras pessoas, temos que pensar no positivo. Se você se considera estúpido, tente ter um pensamento mais positivo. O consciente pode se sobrepor ao subconsciente se dissermos isso várias vezes; eventualmente, nosso subconsciente começará a se alinhar com o consciente. Combinado com todas as muitas técnicas somáticas que existem, a criança interior começará a sentir o amor, a atenção e o conforto de que precisa, e o processo de cura poderá começar.

Passar por todas as experiências que vivemos geralmente resulta em carregarmos uma bagagem emocional. Não é nossa intenção, mas é nossa maneira de dizer: "Veja o que aconteceu comigo: tantas coisas!" Somente quando nos livramos de nossa bagagem emocional é que percebemos o quanto ela estava nos sobrecarregando. Precisamos nos livrar disso também. A vida é muito curta para carregar essa bagagem e levá-la para cada nova situação, experiência e relacionamento. Isso é exaustivo. Precisamos ser mais leves e mais livres em nossos pensamentos e sentimentos se quisermos chegar perto de viver a vida dos sonhos que desejamos.

Não precisamos apenas limpar nossa bagagem emocional, mas também essas crenças limitantes. Enquanto elas ainda estiverem por aí, não teremos chance de nos curar, pois nossa mente sempre nos dará motivos para não conseguirmos fazer as coisas. "Não sou bom o suficiente para isso, então por que tentar?" "Não sou bom o suficiente para eles, então é melhor terminar agora, antes que eles percebam", ou "Não sou uma pessoa muito sociável, então não preciso de amigos". Todos esses tipos de pensamentos e outros mais nos impedem de atingir nosso potencial, pois nossas crenças limitantes tentam sabotar quaisquer oportunidades que possam existir para nós. Elas não são a verdade. Para se tornar verdadeiramente auto-consciente, você precisa perceber essas crenças como elas são. No entanto, a ajuda está à mão. A mente subconsciente que produz todos esses pensamentos de inadequação pode ser reprogramada usando a técnica de liberdade emocional (TLE). Isso envolve tocar em vários pontos do corpo onde se acredita que existam campos de energia, combinados com palavras ou frases específicas para transmitir uma nova mensagem ao seu subconsciente e reprogramá-lo.

O condicionamento e a programação pelos quais você passa quando criança podem voltar e continuar a assombrá-lo durante a adolescência e a vida adulta. Se os seus modelos de comportamento lhe dizem que você não é bom o suficiente, não seria surpreendente se, na vida adulta, sentimentos de inadequação e inutilidade começassem a se manifestar. Da mesma forma, se todas as pessoas ao seu redor se preocupam com dinheiro, então, na vida adulta, você provavelmente também passará o tempo se preocupando com dinheiro e correndo atrás dele. O que passamos quando crianças durante esses estágios tão importantes pode nos definir para o resto de nossas vidas.

No entanto, há muitas práticas somáticas que podem ajudá-lo a reprogramar seu subconsciente, curar sua criança interior e, lentamente, começar a desfazer todo o trabalho ruim que começou quando você era uma criança muito pequena. O trabalho de respiração que foi discutido neste livro pode ajudá-lo a entrar em contato com sua criança interior, sentir o momento e ouvir o que ela está dizendo. Coisas como escrever um diário ou uma carta para sua criança interior podem realmente ajudar a lidar com isso. A TLE e outros exercícios de toque podem ajudar a reprogramar o subconsciente e fazer com que você diga coisas positivas sobre si mesmo, removendo lentamente todos os pensamentos negativos e crenças limitantes.

Um aspecto da terapia somática que surgiu da observação da criança interior é a teoria da "reparação". Agora você tem a oportunidade de dar a si mesmo coisas que não recebeu quando criança e que precisava, reparando a si mesmo - talvez seja autoconfiança, compaixão ou qualquer outra coisa. A propósito, isso não significa que seus pais ou responsáveis tenham sido péssimos pais: Significa apenas que eles estavam agindo de acordo com suas próprias crenças e sistema de valores, e talvez não tenham lhe dado tudo o que você precisava sem nenhuma culpa específica.

Há formas de psicoterapia de reparação que requerem um terapeuta que assuma o papel de pai ou mãe, mas a essência da reparação pode ser feita por você mesmo: Ame-se incondicionalmente. Você precisa ser compassivo consigo mesmo; não julgue nem critique seus pensamentos e sentimentos, mas legitime-os e reconheça que eles fazem parte de quem você é. Dê à sua criança interior muitas afirmações positivas para se lembrar de que você é amado, digno e que o que pensa e sente é válido. Se voltar à sua criança interior e pensar sobre essas coisas for muito desgastante, você deve procurar um terapeuta para que os exercícios possam ser realizados com segurança. Mas os princípios gerais da reparação - entrar em contato com sua criança interior, atender às necessidades e satisfazer essas necessidades - podem ser realizados por você mesmo.

Aprender a curar sua criança interior pode fazer uma grande diferença para você. Ter essa autocompaixão e o conhecimento de como cuidar de si mesmo pode levar a muitos relacionamentos melhores - sejam eles pessoais, familiares, com amigos ou no trabalho. Você realmente gostará de si mesmo, gostará de estar em sua própria companhia e na companhia de outras pessoas, e descobrirá que gosta da vida e quer vivê-la ao máximo. Terá confiança em si mesmo e em suas habilidades, e terá liberado toda a dor e tensão que o impediram por tantos anos. Em alguns casos, você pode ter se desligado completamente dos sentimentos e das emoções, portanto, curar a criança interior o colocará de volta em contato consigo mesmo e você voltará a sentir coisas como alegria e amor.

Se a cura de sua criança interior é algo que você acredita que precisa e está interessado, aqui está um exercício simples de TLE com toque para colocá-lo em seu caminho:

- **1:** Primeiro, toque na lateral da mão – o lado com o dedo mínimo e não o lado do polegar – em um ritmo bastante regular. Enquanto estiver batendo, diga para si mesmo: *"Eu amo minha criança interior. Eu aceito minha criança interior. Eu me amo incondicionalmente e sem exceção".*

- **2:** Agora, toque no topo da cabeça, bata na testa, acima da sobrancelha direita interna, e bata na têmpora direita, repetindo a seguinte frase (ou uma frase que você tenha inventado e que se adapte melhor a você) em cada área: *"Eu amo a criança interior que não recebeu tudo o que precisava. Essa criança foi e é incrível."*

- **3:** Toque na maçã do rosto, logo abaixo dos olhos e ao lado do nariz: *"Minha criança interior é capaz de tudo e tem potencial para alcançar qualquer coisa".*

- **4:** Toque o lábio superior – a parte entre o nariz e a boca: *"Minha criança interior não conhece nenhuma limitação".* Toque em seu queixo: *"E eu amo minha criança interior, não importa o que aconteça."*

- **5:** Toque abaixo da axila, na lateral das costelas; toque no topo da cabeça; toque na testa, acima da sobrancelha direita interna; e toque na têmpora direita, repetindo a seguinte frase em cada área: *"Se minha criança interior cometer erros ou falhas, isso realmente não importa. Eu amo minha criança interior independentemente disso".*

- **6:** Toque na maçã do rosto; toque no lábio superior: *"Aceito totalmente minha criança interior de uma forma que não estava disponível naquele momento."*

- **7:** Toque em seu queixo: *"Eu me imagino segurando minha criança interior e dizendo a ela como ela é incrível e que tudo vai ficar bem."*

- **8:** Toque na área onde está seu coração - à esquerda do peito: *"Eu sempre protegerei minha criança interior e sempre protegerei minha criança interior."*

- **9:** Toque abaixo de sua axila, na lateral de suas costelas: *"Minha criança interior tem todo o meu apoio e aceitação."*

- **10:** Toque no topo da cabeça; toque na testa, acima da sobrancelha direita interna: *"Eu amo minha criança interior exatamente como ela é."*

- **11:** Toque em sua têmpora direita: *"Se alguém disser algo ruim contra minha criança interior, eu a enfrentarei."*

- **12:** Toque na maçã do rosto; toque acima do lábio superior: *"Mostrarei à minha criança interior que ela tem valor, é digna e sempre será querida e amada."*

- **13:** Toque no queixo; toque na área do coração: *"Eu realmente quero incentivar minha criança interior a mostrar o quanto ela é incrível e deslumbrante."*

- **14:** Toque abaixo da axila, na lateral das costelas; toque no topo da cabeça: *"Ao curar minha criança interior, também estou trazendo cura para mim mesmo."*

- **15:** Toque na testa, acima da sobrancelha direita interna: *"Não preciso mais da programação e do* *condicionamento com os quais fui criado. O que digo a mim mesmo agora é a verdade."*

- **16:** Toque a têmpora direita; toque a maçã do rosto; toque o lábio superior: *"Minha criança interior é e sempre será parte de mim e, quando cuido bem de mim mesmo, estou cuidando bem da minha criança interior."*

- **17:** Toque no queixo: *"Quando demonstro amor por mim mesmo, também estou amando minha criança interior."*

- **18:** Toque na área do coração; toque abaixo da axila, do lado das costelas: *"Quando demonstro compaixão por mim mesmo, também estou sendo compassivo com minha criança interior."*

- **19:** Toque no topo de sua cabeça: *"Estou liberando o trauma e a tensão em meu corpo e mente."*

- **20:** Toque a testa acima da sobrancelha direita interna: *"Libero isso de cada osso e músculo do meu corpo."*

- **21:** Toque em sua têmpora direita: *"Não precisarei mais carregar essa bagagem emocional por aí. Ela se foi para sempre."*

- **22:** Toque a maçã do rosto; toque o lábio superior. *"Sinto-me tão livre quando libero toda a dor e a tensão."*

- **23:** Toque em seu queixo: *"Mal posso esperar para ver o que o futuro me reserva. Estou animado com os dias que tenho pela frente, agora que me entendo melhor e estou em contato comigo mesmo e com minha criança interior."*

- **24:** Toque na área do coração; toque na axila: *"Não tenho mais medo, não tenho mais dúvidas sobre mim mesmo e estou ansioso para ver como o novo eu enfrentará o mundo."*

- **25:** Em seguida, pare e relaxe por um momento. Inspire profundamente e depois solte a respiração.

Esse é o seu exercício de toque que, esperamos, tenha sido muito útil. Se a realização desses exercícios se tornar muito desgastante, procure um terapeuta profissional para ajudá-lo com segurança durante o processo. Geralmente ajuda se você puder visualizar sua criança interior quando estiver fazendo isso. Se você tiver uma foto de si mesmo quando criança, isso às vezes pode ajudar na visualização. Então, você pode se imaginar amando essa criança e querendo protegê-la. Da próxima vez que sentir vontade de ser duro consigo mesmo, de julgar demais ou de ser hipercrítico, olhe para a foto e para a inocência da criança. Esses sentimentos de querer amar e proteger essa criança, orientá-la, apoiá-la e incentivá-la devem voltar. Seria aconselhável repetir o exercício sempre que possível. Fazê-lo apenas uma vez provavelmente não terá o efeito extraordinário de composição que a prática diária terá. Basta encontrar um lugar confortável e tranquilo por alguns minutos em seu dia e fazer o exercício de tapping. Fique entusiasmado com os poderosos resultados positivos que o tapping da EFT pode proporcionar. Lembre-se de que você pode adaptar as frases de acordo com sua situação específica.

VERGONHA

É assustadoramente fácil sentir-se envergonhado. Você sente que não tem lugar entre as pessoas com quem interage. Você sente que ninguém o entende ou jamais poderia entendê-lo. A vergonha também pode surgir em situações muito mais sérias, como abuso ou negligência, em que a vítima acaba se sentindo envergonhada (quando deveria ser o perpetrador que deveria se envergonhar de suas ações) pelo que aconteceu com ela e por ter deixado isso acontecer. Mesmo que, na realidade, ela não pudesse ter feito nada para impedir que isso acontecesse. As pessoas que são condenadas ao isolamento na escola ou que sofrem bullying muitas vezes desenvolvem sentimentos de vergonha. Para nos curarmos da vergonha, precisamos reconhecer as necessidades subjacentes a esse sentimento de vergonha.

Ela também não acontece por si só. A vergonha se desenvolve por meio das interconexões com os outros e com o ambiente em que vivemos. Isso significa perceber que não estamos sozinhos no mundo. Todos nós estamos passando por uma jornada, descobrindo o que significa ser humano. Nenhum de nós realmente entende isso ou o entende perfeitamente. É importante parar e apreciar isso.

A vergonha ocorre com mais frequência quando nossas expectativas de alegria e felicidade não são correspondidas. Por exemplo, uma criança faz algo para os pais e eles não demonstram nenhum interesse, ou você conta uma piada para seus amigos e ninguém ri (não é de se admirar que os comediantes às vezes tenham problemas de saúde mental). A vergonha pode se manifestar na forma de rubor e timidez e pode incluir humilhação e constrangimento. Portanto, coisas como bullying e depreciação podem resultar em vergonha. Conforme mencionado anteriormente, a vergonha pode, sem dúvida, resultar de algo tão angustiante como abuso ou negligência, mas também pode resultar do acúmulo de episódios menores (mas não menos autênticos).

Isso não quer dizer que não devamos ter vergonha. A vergonha tem um propósito. Sem ela, talvez nunca percebamos quando fizemos algo errado e não seríamos capazes de nos manter na sociedade. Mas quando a vergonha se torna um trauma, ela não serve ao propósito para o qual existe. Se ela não for tratada e for deixada para apodrecer em uma pessoa, pode acabar em vício e depressão, entre outras coisas. As pessoas que sentem essa vergonha extrema geralmente têm dificuldades com relacionamentos, pois esperam ser rejeitadas de qualquer forma e, por isso, fazem o possível para tirar a outra pessoa da vida primeiro. Além disso, as pessoas que sofrem desse mal podem se sentir muito irritadas. Portanto, uma pessoa que tenta manter um relacionamento de qualquer tipo com um sofredor cuja primeira reação é ficar seriamente irritado, talvez até mesmo se entregar à violência, geralmente não é uma prioridade na vida. A vergonha pode obviamente levar a sentimentos de insegurança e inadequação, o que pode resultar em coisas como automutilação e pensamentos suicidas. Talvez alguém constantemente criticado acabe tentando ser o perfeccionista que nunca consegue atingir a perfeição que busca, ou talvez acabe apresentando sintomas de transtorno obsessivo-compulsivo (TOC). A vergonha não causa apenas problemas mentais, mas também físicos. Uma pessoa com muita vergonha pode ter uma postura ruim, sempre olhar para baixo e não olhar nos olhos de ninguém, sofrer coisas como cansaço ou aperto no peito, sentir vontade de vomitar ou ter problemas digestivos ou estomacais.

É aí, obviamente, que entra a terapia somática. Ela pode ajudar tanto com os sintomas mentais quanto com os físicos da vergonha. Ao tomar consciência do que seu corpo está lhe dizendo, é provável que você perceba que a tensão em seu corpo está relacionada à vergonha que está sentindo em sua vida cotidiana. À medida que você pensa e lida com os episódios de sua vida que podem ter contribuído para essa vergonha, libera-os e os deixa ir, esses episódios se tornam sinais de força para você, em vez de algo que o torna fraco e temeroso.

A vergonha quase sempre está relacionada ao que ocorreu em sua infância. As inseguranças, as dúvidas, os medos e a baixa autoestima que você sente agora provavelmente têm raízes na sua infância. Se você é constantemente repreendido pelo menor erro de julgamento, não é de surpreender que cresça pensando que tudo o que faz é errado ou que há algo errado com você. Se você sofre bullying, pode desenvolver sentimentos de "Por que eu? Deve haver algo de errado comigo". Obviamente, experiências realmente traumáticas, como abuso e negligência, podem trazer à tona esses sentimentos de uma forma muito mais extrema.

Se sabemos que nossos sentimentos adultos de vergonha estão profundamente enraizados em nossa infância, então sabemos que curar a criança interior pode, por sua vez, curar nossa vergonha. Algumas das melhores técnicas e terapias para ajudar com isso incluem a TCC, em que aprendemos a tentar controlar e mudar nossos comportamentos e padrões de pensamento. Portanto, em vez de pensar em insultos a nós mesmos, podemos aprender a ter pensamentos positivos e reafirmar a realidade de que somos bons e capazes de fazer coisas boas.

A exposição prolongada (EP) pode ser uma boa forma de terapia para lidar com essa questão. Aos poucos, a pessoa presta atenção a coisas que a estimulam e a fazem lidar com o problema. Talvez você comece com uma foto sua quando criança e, em seguida, discuta sua vergonha quando criança. Em seguida, imagine-se em algum lugar que o faça lembrar dessa vergonha. Lenta, mas seguramente, isso removerá o poder que a vergonha tem sobre você.

O treinamento de inoculação de estresse pode ser uma boa terapia a ser empregada. Em vez do estresse em si, ele usa o mesmo treinamento para conter e controlar a vergonha. Ele pode incluir técnicas de respiração e relaxamento muscular, encenação e anotação de pensamentos negativos e alteração dos mesmos. Existe também o treinamento da mente compassiva (TMC), que pode ajudar uma pessoa que fala negativamente sobre si mesma a mudar seu comportamento e ser compassiva e gentil consigo mesma e com sua criança interior.

DRMO é outro bom método a ser seguido. Pensar em sua vergonha e em toda a dor que sua criança interior sofreu enquanto se submete às ações de movimento dos olhos pode ajudar a aliviar sua vergonha e começar a curar sua criança interior.

No entanto, uma das técnicas mais poderosas para curar a vergonha e sua criança interior é o toque da TLE. Essa é uma das melhores técnicas porque você não precisa necessariamente reviver repetidamente as lembranças de quando foi envergonhado. Você só precisa se lembrar delas o suficiente para liberá-las. A TLE é, em sua essência, um processo de cura e não um jukebox de memórias. A combinação das afirmações positivas com o toque dos pontos de energia em seu corpo pode ser excepcionalmente poderosa e proporcionar uma verdadeira sensação de alívio e liberação da vergonha, fazendo com que você perceba que sua criança interior precisa de amor. Como sua criança interior é parte de você, é você quem melhor pode oferecer esse amor e apoio.

Aqui está um exercício específico de EFT do toque para

ajudá-lo a aprender a curar não apenas sua vergonha, mas também sua criança interior. Não é necessário repetir a afirmação se ela não estiver relacionada a você. Todos nós passamos por experiências diferentes, portanto, se as afirmações não forem adequadas para você, basta substituí-las pelo que achar mais apropriado para a experiência pela qual passou e a vergonha que sente.

- **1:** Comece tocando na lateral de sua mão e dizendo: *"Talvez eu não tenha recebido o amor e a crença de que precisava quando criança, mas ainda me amo e me aceito. Embora eu possa sentir que não sou digno, me insultar e duvidar de mim mesmo, ainda me amo e me aceito de todo o coração".*
- **2:** Toque o topo da cabeça, a testa acima da sobrancelha direita interna, a lateral da têmpora, a maçã do rosto, o lábio superior sob o nariz, o queixo, a área do coração e a axila ao lado das costelas. Faça esse ciclo aproximadamente oito vezes enquanto diz o seguinte:

Talvez eu não tenha me sentido apoiado
    quando era criança ou não tenha sentido
    que havia alguém ao meu lado o tempo
    todo. Talvez eu não tenha sentido que havia
    alguém para me proteger e, como resultado,
    posso ter sofrido consequências terríveis.
    Sempre achei que havia algo errado comigo
    ou que tudo o que eu fazia era errado.
    Sempre achei que merecia as coisas ruins

que aconteciam comigo. Naquela época, eu simplesmente não sabia o que era melhor.

Digo coisas negativas sobre mim mesmo. Às vezes, fico tão envergonhado de mim mesmo que me detesto. Às vezes, eu me vejo no espelho e realmente não gosto do que vejo. Quando penso em minha vida, sinto que não conquistei nada e que tudo o que fiz não vale nada. Tenho expectativas e metas irrealistas para cumprir. Isso me faz sentir que não vejo sentido em nada. Essas são todas as coisas que incorporei em meu ser desde que era criança. Embora isso tenha sido o que aprendi quando criança, agora aprendi que minha crença de que não sou digno é totalmente falsa.

No entanto, quando criança, eu não sabia o que era isso, então acreditei que era verdade por muitos anos; essa mentira ainda influencia minha vida hoje. Quando esses pensamentos entram em minha cabeça, sinto-me muito deprimido e infeliz. Preciso ter força e coragem para mudar esses pensamentos, como eu sei. Agora que sou adulto, sei que esses pensamentos não são verdadeiros. Minha mente pode agora perceber isso, e o tapping que estou fazendo agora dirá isso ao meu coração e ao resto do meu corpo. Sei que todos esses pensamentos que tinha sobre mim são errados e falsos, mas eles me

faziam sentir que havia algo errado comigo
e que ninguém poderia me amar.

Eu nunca poderia ser boa o suficiente para
outra pessoa. Tudo falso. Não preciso mais
carregar a bagagem emocional que meus
cuidadores me entregaram. A vergonha que
meus cuidadores possuíam e passaram para
mim não vai mais adiante. Ela para aqui.
Eles podem ficar com a vergonha. Eu a
rejeito. É aceitável que eu não seja perfeito
em todos os aspectos e que eu tenha falhas.
Ser humano é isso. Eu me amo e me aceito -
com falhas e tudo. A vergonha que eu sentia
antes não tem mais controle sobre mim.
Quando libero a vergonha, sinto-me livre e
aliviado. Estou ansioso pelo novo relacionamento que tenho comigo mesmo.

- **3:** Inspire profundamente, expire e relaxe.

ESTABELECENDO LIMITES SAUDÁVEIS COM HABILIDADES SOMÁTICAS

Estabelecer limites pode ser essencial para ajudar você a se curar e se recuperar de um trauma. Eles são os mecanismos que separam você das outras pessoas. É o que ajuda a definir você como você - onde você começa e onde você termina. No entanto, os limites devem ser flexíveis. Quando você se sente seguro, é mais provável que estenda esses limites e, quando não se sente seguro, você os restringe e os puxa para dentro. Você pode ver como isso é importante. Se seus limites forem muito amplos, você acaba se doando aos outros e pode ser fácil se perder. Por outro lado, se seus limites forem muito restritos, você pode se isolar do resto do mundo e se tornar solitário.

Como a maioria das coisas, nossos limites foram aprendidos com a forma como nossos cuidadores reagiam a nós quando éramos crianças. Eles devem se envolver conosco quando precisarmos de envolvimento e nos deixar em paz quando precisarmos de espaço. Nem sempre é um problema se os responsáveis não se envolverem: Isso pode ajudar a criança a fortalecer sua determinação e capacidade de lidar com a situação. Entretanto, há três áreas principais em que os cuidadores podem causar problemas se passarem dos limites:

- **1: Invasão:** É quando o cuidador, em vez de deixar a criança ter seu tempo "sozinha", faz o contrário. Talvez porque ele precise de conforto, não por motivos maliciosos, mas isso pode fazer com que a criança cresça e estabeleça limites muito fechados, se retraia e, portanto, fique potencialmente isolada.
- **2: Abandono:** Esse é o oposto da invasão. Os cuidadores não respondem às necessidades ou ao desejo de envolvimento da criança. Na idade adulta, isso pode resultar em limites muito livres. A pessoa acaba tentando agradar a todos, talvez sempre tentando fazer coisas para ganhar atenção, e pode se perder nisso.
- **3: Invasão e abandono:** Nesse cenário, o cuidador alterna inconsistentemente entre os dois. Isso pode realmente causar problemas porque, às vezes, a pessoa pode acabar tentando agradar

demais as pessoas e, às vezes, acaba afastando todo mundo. Já é bastante difícil manter qualquer tipo de relacionamento com uma pessoa que sempre faz uma dessas coisas. Mas, se ela faz as duas coisas, às vezes aleatoriamente, isso só pode tornar a vida uma dor de cabeça para ela e para as pessoas ao seu redor.

Não gosto muito de rotular as pessoas. Sempre achei que provavelmente há alguma verdade na teoria de rotulagem de Becker, mas, para ser mais claro, vou me referir a pessoas "tóxicas" - embora eu tenha certeza de que, no fundo, elas são boas pessoas, mas apenas não tiveram seus próprios limites estabelecidos para elas. Todos nós conhecemos pessoas assim: As pessoas que têm pensamentos e sentimentos negativos são aquelas que sempre parecem encontrar uma maneira de nos deixar para baixo ou nos decepcionar. Estabelecer limites é uma maneira de não ter essas pessoas em sua vida se você não as quiser. Se você estabeleceu limites saudáveis, esse tipo de pessoa não deve estar nem perto de você. Da mesma forma, os tipos de conflito ou situações embaraçosas em que você pode se encontrar podem ser evitados com o estabelecimento de limites. Se esses limites existirem, você e todos os outros saberão qual é a sua posição, e o conflito não deverá ser uma ocorrência diária.

Ter habilidades somáticas pode ser extremamente útil para estabelecer e manter limites. Para começar, você começará a desenvolver sua consciência corporal. Você começará a descobrir esse " sentimento sentido". Isso o ajudará enormemente a dizer se as coisas estão certas ou não e se você precisa fortalecer seus limites. Você também terá essa autoconsciência sobre seus próprios processos de pensamento. Enquanto antes você poderia ter feito ou dito automaticamente algo que permitiria que alguém tirasse vantagem de você ou fizesse com que você se afastasse quando alguém estava apenas tentando ajudá-lo, agora você estará ciente do que está fazendo e de como está se comportando. Isso pode impedi-lo de cometer os mesmos erros quando se trata de seus limites.

Uma das habilidades mais importantes para estabelecer seus limites é aprender a dizer "não" - não apenas de uma forma indiferente, mas de uma forma em que a outra pessoa saiba que você não vai mudar de ideia. Não diga "sim" automaticamente. Sempre pense bem em sua resposta e lembre-se de ouvir também o seu "sentimento". Você pode começar com pequenas coisas, como dizer "não" para sair na sexta-feira à noite porque você está exausto e só precisa passar a noite em casa. Ou dizer "não" para emprestar dinheiro a uma pessoa quando ela nunca lhe paga. Isso não é um empréstimo: Você está apenas dando dinheiro a ela. Da próxima vez, não faça isso. É claro que as pessoas ficam desapontadas quando você diz "não" - isso é inevitável, mas isso não significa que você deva ceder. Você decepcionará as pessoas, mas isso fará com que elas o respeitem mais, e da próxima vez que você disser "sim", elas saberão que você realmente está falando sério e deixarão de pedir desnecessariamente no futuro.

Isso nos leva ao que você precisa dizer um "sim" definitivo, que é o seu compromisso de se curar e cuidar de si mesmo. Se você estiver colocando suas necessidades em primeiro lugar, respeitando a si mesmo e amando a si mesmo, será mais fácil dizer "não" aos outros. Diga "não" aos outros, mas "sim" a você mesmo.

Aqui está um exercício para ajudar a estabelecer limites, que o ajudará a dizer "sim" e "não" e a garantir que seu corpo esteja dizendo a mesma coisa.

EXERCÍCIO DE LIMITE #1

Primeiro, veja o que acontece com seu corpo quando você diz "sim" em voz alta. Repita várias vezes e veja o que você percebe. Agora, em vez disso, tente dizer "sim" com seu corpo. O que muda? Talvez seja sua respiração ou sua postura. Seu movimento é livre? Você se sente tenso? Pense e anote as situações em que você gostaria de ser capaz de dizer "sim". Por exemplo, você quer fazer um exercício de definição de limites? "Sim!"

Em seguida, faça o mesmo, mas para dizer "não". Observe como seu corpo reage ao dizer "não" em voz alta várias vezes. Em seguida, tente dizer "não" apenas com seu corpo e veja as mudanças que ocorrem em seu corpo. Pense nas situações em que você gostaria de ser capaz de dizer "não". Por exemplo, "Você vai sair de novo hoje à noite?"

Pense em uma das situações em que você disse que gostaria de dizer "sim", assuma a postura corporal de dizer "sim" e anote o que ocorre quando você imagina esse cenário. Em seguida, faça o mesmo com uma situação à qual você queira dizer "não".

Ao final disso, você deve estar ciente de como garantir que seu corpo e sua voz estejam dizendo a mesma coisa e ser realmente claro sobre o que está comunicando.

8

ANSIEDADE, AMOR PRÓPRIO, AUTOCOMPAIXÃO E DEPRESSÃO PROFUNDA

Tudo o que é mencionado neste título pode ser abordado e resolvido pela terapia somática. Se você acha que tem ansiedade, então isso é algo que a terapia somática pode tratar. Se você tem depressão, então isso é algo que a terapia somática pode reduzir a pó. Se você precisa desesperadamente aprender a demonstrar amor e compaixão por si mesmo, a terapia somática pode lhe mostrar como e ajudá-lo a conseguir isso. Você quer ser capaz de se perdoar por ter feito coisas que considera erradas? A terapia somática pode ajudá-lo a encontrar essa forma de liberar a negatividade de sua alma. A terapia somática é como encontrar uma fonte de água no meio de um deserto. Você tem sede de se curar, e a terapia somática vai saciar essa sede para você.

No entanto, é difícil seguir em frente se você não der um tempo a si mesmo. Você precisa ser capaz de perdoar a si mesmo. Ninguém é perfeito, e isso inclui você. Você cometeu alguns erros e falhas na vida, mas todos nós cometemos. Isso é parte integrante da experiência humana. Se você não encontrar espaço em seu coração para perdoar a si mesmo, nunca conseguirá superar o primeiro obstáculo. Você sempre sentirá ressentimento. Você sempre estará propenso a sentir raiva e a atacar seus entes queridos. Você nunca alcançará o que deseja na vida ou atingirá seu potencial máximo. Você precisa limpar seu coração e perdoar a si mesmo; então, poderá começar a olhar para todas as oportunidades empolgantes que existem para você na vida.

Você também precisa praticar o desapego aos resultados. Depois de fazer isso, isso o ajudará a purificar seu coração, perdoar a si mesmo e ter a chance de atingir seu potencial máximo. O melhor de tudo é que você poderá realmente aproveitar a vida em vez de se preocupar com ela o tempo todo! Descobri que, quando pratiquei o desapego, isso realmente me libertou de tanto estresse e preocupação nos quais eu estava concentrado anteriormente. Perceba que você não pode controlar todas as pessoas. As pessoas o decepcionarão e farão coisas com as quais você não concorda. Receio que a vida seja assim. Você não pode consertar essas pessoas. A única pessoa que você pode "consertar" é você mesmo. Você não precisa ser consertado porque não há nada de errado com você; você precisa ser curado. As ações da única pessoa sobre a qual você tem controle são as suas próprias.

Encontre sua própria versão de felicidade. Não ligue para outras pessoas que dizem se você deve ser feliz ou não ou que tentam definir suas realizações ou a falta delas. Cabe a você decidir como é a verdadeira felicidade – e não a qualquer outra pessoa. No entanto, você também precisa se desapegar da ideia de que tudo tem que funcionar de uma determinada maneira, porque não é assim. Veja quantas vezes planejamos um evento e algo completamente fora do nosso controle muda tudo. A pandemia é um excelente exemplo disso. Todos os nossos planos foram por água abaixo devido a algo fora do nosso controle. Aceite isso: As coisas não precisam ser de uma determinada maneira ou da maneira perfeita. Quando conseguir aceitar isso, você se sentirá realmente livre para aproveitar e apreciar a vida. Além disso, você provavelmente não será tão duro consigo mesmo no futuro. Você não apenas aproveitará e apreciará a vida, mas também vai aproveitar e apreciar o fato de ser você mesmo.

Vamos nos dar um pouco de amor próprio agora mesmo com um rápido exercício de TLE com toque:

- **1:** Comece tocando na lateral de sua mão enquanto diz: "Eu me aceito como sou. Eu me amo por quem sou. Eu me respeito e espero que os outros também me respeitem. Eu me amo plenamente. Eu tenho valor. Eu tenho valor. Sou bom o suficiente. Mereço de fato amar e ser amado. Sinceramente, eu me amo e prometo me amar e me respeitar. Eu me aceito como a pessoa que sou."
- **2:** Toque a parte interna da testa, acima da sobrancelha direita; toque a lateral da têmpora; toque a maçã do rosto: "Eu me amo completamente. Eu me respeito e acredito que sou de grande valor."
- **3:** Toque no lábio superior; toque no queixo; toque na axila do lado das costelas: "Amar a mim mesmo é algo magnífico. Pensar que eu não poderia me amar não é mais uma opção."
- **4:** Toque o topo da cabeça, a testa, a têmpora, a maçã do rosto, o lábio superior, o queixo, a área do coração e a axila: "Parte de meu comportamento

provavelmente se devia a essa crença incorreta de que eu não podia me amar. Mas agora, minha mente e meu coração estão abertos para o potencial do amor próprio. Talvez eu tenha tido medo de me amar antes, mas agora rejeito essa ideia. Não tenho medo. Estou pronto para me amar".

- **5:** Toque o topo de sua cabeça; toque a testa; toque a têmpora; toque a maçã do rosto: "Descobri que, na verdade, quanto mais eu me amo, mais eu me amo mais ainda".

- **6:** Toque no lábio superior; toque no queixo: "Ao amar a mim mesmo, acho que fica mais fácil amar os outros."

- **7:** Toque na área do coração; toque na axila: "Isso me faz feliz. É por isso que adoro amar a mim mesmo."

- **8:** Toque o topo da cabeça; toque a testa; toque a têmpora. "Rejeito todos os pensamentos que tive anteriormente e que me fizeram acreditar que eu não poderia me amar."

- **9:** Toque o lábio superior; toque o queixo; toque a área do coração; toque a cabeça: "Eu limpo meu coração e me perdoo para poder me amar."

- **10:** Toque na axila: "Eu me amo e me valorizo. Mereço respeito. Eu me amarei porque mereço amor."

- **11:** Inspire profundamente, expire e relaxe.

Para acompanhar o amor-próprio, você precisa de auto-compaixão, portanto, aqui está um exercício de toques de

TLE para autocompaixão. Sugiro que você complete o ciclo de toques aproximadamente três vezes enquanto diz as palavras abaixo:

Serei compreensivo comigo mesmo. Eu me amo e me aceito como sou. Eu me amo; portanto, serei compreensivo comigo mesmo. Como tenho compaixão por mim mesmo, vou me cuidar e cuidar de mim. Eu me amo de todo o coração. Limpo meu coração - pronto para assumir a compaixão que agora tenho por mim mesmo. Rejeito agora todos os pensamentos e razões que eu tinha antes e que me faziam não ser solidário comigo mesmo. Eu libero esses pensamentos e sentimentos negativos da minha mente e do meu corpo. É ótimo para mim demonstrar compaixão por mim mesmo. Isso me deixará mais saudável, tanto mental quanto fisicamente, e me tornará uma pessoa melhor. Se eu tiver compaixão por mim mesmo, é mais provável que eu também tenha compaixão genuína pelos outros. Recuso-me a falar negativamente sobre mim mesmo ou a me rebaixar. Percebo agora que essa não era uma maneira saudável de agir. Da próxima vez que cometer um erro de julgamento ou um engano, demonstrarei compaixão por mim mesmo. Mereço ser compreensivo comigo

mesmo e serei compreensivo comigo
mesmo.

Inspire e expire profundamente e relaxe.

Já nos demos um pouco de amor-próprio e autocompaixão, e agora é hora de nos perdoarmos. Se não praticarmos
isso, sempre ficaremos com raiva de nós mesmos e do mundo.
Vamos começar a cura e perdoar a nós mesmos. Repita o ciclo
de toques aproximadamente três vezes para isso enquanto diz:

Quero me perdoar completamente. Sinto-me
envergonhado por coisas que disse ou fiz no
passado. Quero liberar a culpa e a tensão
que tenho e me sentir livre. Não há
problema em me perdoar. Para me libertar e
ser livre, preciso me perdoar. Eu me amo e
me aceito de todo o coração e me perdoo.
Se eu me amo, então posso me perdoar. Se
eu quiser cuidar de mim mesmo, então é
necessário que eu me perdoe. Mereço o
perdão, mesmo que às vezes eu lute contra
essa crença. Eu me amo incondicionalmente; portanto, eu me perdoo. Seja o que
for que eu tenha feito no passado, aceito a
culpa. Aprendi com os erros que cometi no
passado. Agora, eu me perdoo e sigo em
frente. Estou ansioso para começar de novo,
agora que já me perdoei - para viver uma
vida mais feliz e saudável e ser capaz de
perdoar a mim mesmo e aos outros com
facilidade. Eu me aceito como sou e me

perdoo. Eu me perdoo totalmente. Sou uma
boa pessoa. Eu me perdoo e estou em paz
comigo mesmo.

Inspire profundamente, expire e relaxe.

Sei que as palavras "amor-próprio" podem trazer à tona
imagens de pessoas com óculos escuros redondos e roxos e
flores no cabelo ou fazer você pensar que se trata de algum
tipo de eufemismo. No entanto, há uma razão para a existência da frase "Você não pode amar outra pessoa até amar a
si mesmo". O fato é que, enquanto não amar a si mesmo, lidar
com o resto do mundo será muito mais difícil. Se você se
odeia, é quase inevitável que sinta raiva de si mesmo e de
todos os outros, pois é preciso haver algum tipo de saída para
extravasar essa raiva. Se você não se ama, não se respeita e,
portanto, sempre colocará as necessidades e os desejos de
outra pessoa acima dos seus. Se isso ocorrer no trabalho,
provavelmente o levará ao esgotamento total. Se for no relacionamento, sua personalidade e seu individualismo provavelmente serão completamente substituídos por seu parceiro. Se
você ama a si mesmo, quando as coisas ruins da vida aconte-
cerem (e elas acontecerão - não há como escapar de algumas
delas, como a morte de um ente querido), você estará muito
mais preparado para lidar com as situações de forma saudável
e não recorrer a formas prejudiciais à saúde para superá-las.
Quando você desenvolve o amor-próprio, todo o resto vem
dele: respeito, valor, confiança e crença; as outras coisas de
que falamos, como compaixão e perdão para si mesmo,
tornam-se muito mais fáceis.

É claro que não é fácil chegar a esse ponto. Há muitos
bloqueios e obstáculos que colocamos em nosso caminho para

chegarmos a esse ponto. É toda a conversa negativa e as crenças limitantes que colocamos diante de nós mesmos, acreditando que não somos bons o suficiente, que não somos dignos de amor e que nunca seremos importantes. Precisamos limpar nossos corações e mentes desses pensamentos e sentimentos para progredir para o amor-próprio.

Quando amamos a nós mesmos, a oportunidade de nos perdoarmos se torna possível. No entanto, precisamos assumir a responsabilidade, confessar e pedir desculpas pelas coisas genuinamente ruins que fizemos e dissemos. No entanto, se você está lendo este livro, é provável que esteja se culpando quando, na verdade, a culpa não foi sua. Como diz o ditado, "são necessários dois para dançar o tango". Seja qual for a situação - você acha que magoou alguém ou aborreceu alguém - foram necessários dois para que isso acontecesse. Você não pode fazer tudo sozinho, portanto, a culpa não pode ser só sua. A menos que você estivesse dançando tango e tenha pisado no pé de sua parceira, então a culpa foi sua. Não, espere um pouco: "São necessários dois para dançar tango".

Você também não está sozinho; todos nós já cometemos erros e julgamentos terríveis em nossas vidas. Tomamos milhares de decisões todos os dias, portanto, é inevitável que algumas delas não saiam tão bem quanto esperamos. A vida é assim mesmo. Se você conseguir dar esse passo para perdoar a si mesmo, isso será realmente transformador. Quando você percebe que nem tudo é culpa sua, nem tudo depende de você e nem tudo se baseia no que você faz, isso pode realmente mudar as coisas para você. Até que faça isso, infelizmente, você provavelmente vai se impedir de viver a melhor vida possível. Sempre haverá um elemento de autossabotagem, mas quando você se perdoar e deixar de lado toda a dúvida e a culpa, tudo se tornará possível.

Vamos fazer um exercício de toque TLE para remover a culpa. A esta altura, você já sabe o resultado. Comece com algumas batidas na lateral de sua mão. Em seguida, percorra o ciclo do topo de sua cabeça até a lateral de suas costelas. Toque durante o tempo que achar adequado ou o tempo que precisar. Diga o seguinte:

Sinto-me envergonhado pelo que fiz e disse. Foi uma grande bobagem da minha parte. Arrependo-me muito de minhas ações e me sinto muito culpado por isso. Gostaria de poder me perdoar por isso, mas ainda sinto que a culpa é toda minha. Até agora, não consegui deixar a culpa de lado e me perdoar. Hoje isso vai mudar. Com esse toque, estou iniciando minha jornada para liberar a culpa e a vergonha da minha mente e do meu corpo. Hoje, eu me perdoo e não me apego mais à culpa. Eu me amo e me aceito, portanto sei que posso dar esse passo para me perdoar. Nem tudo é culpa minha; nem tudo acontece por minha causa e pelo meu jeito de ser. Sei disso agora. Agora eu sei disso. Antes eu não sabia. Por isso, eu não conseguia me perdoar. Agora vou me perdoar. Se eu pudesse voltar no tempo, teria feito as coisas de forma diferente, mas sei que sou humano. O que quer que estivesse me levando a me comportar da maneira como me comportei aconteceu, mas é humano errar. Por isso, posso me perdoar. Toda essa culpa, vergonha e arrependimento que tenho guardado por todos esses anos, agora dou permissão para que se esvaziem. Estou liberando tudo isso do meu corpo e da minha mente. Lenta e seguramente, estou liberando tudo isso. Estou pronto para me perdoar. Deixo de lado toda a minha culpa. Limpo a culpa da minha cabeça e do meu coração.

Inspire profundamente, expire e relaxe.

Mesmo com todas essas promessas de perdão e amor-próprio a nós mesmos, pode ser difícil passar de um determinado ponto. Isso ocorre porque, às vezes, temos um conflito interno acontecendo dentro de nós. Queremos nos perdoar, mas algo nos impede e diz: "Não, você não merece perdão". Em geral, o conflito interno às vezes significa apenas que as coisas não estão bem dentro de nós. Não estamos em paz com nós mesmos ou com outra pessoa. Se esse conflito interno não for resolvido, ele pode se transformar em aflições muito mais sérias, como desespero e depressão. Você precisa ser capaz de esclarecer esse conflito interno dentro de si mesmo para poder progredir.

Tudo neste capítulo - e em todo o livro - tem a ver com explorar a si mesmo e descobrir sobre si mesmo. Trata-se de como você foi programado ao longo dos anos e de como lhe foram impostas crenças limitantes. Trata-se de como você pode aprender a se amar, se aceitar e se perdoar. Por meio dessa autodescoberta, ficará claro por que você se comportou da maneira que se comportou e por que teve esses sentimentos e emoções ao longo dos anos. Talvez você até descubra novas emoções e sentimentos que nem sabia que existiam em você. Até agora, você tem, na melhor das hipóteses, pisado na água, mal conseguindo manter a cabeça acima da água. Você não teve a oportunidade de realmente aproveitar as oportunidades da vida e pensar sobre o que realmente deveria estar fazendo. Há uma palavra em sânscrito - dharma - que tem o significado de qual é o propósito de sua alma. Bem, em sua jornada de autodescoberta, essa é realmente a chance de descobrir qual é o propósito de sua alma e de sua vida. Esta é a chance de dar à sua alma toda a nutrição e bondade de que ela possa precisar à medida que você se explora e se ama mais. Agora é a chance de descobrir o que realmente quer fazer e o que fará sua alma cantar. Pegue o microfone da vida e cante o número que sua alma deseja. Tudo isso pode ser alcançado com a ajuda da terapia somática. Ela pode curá-lo, pode ajudá-lo a descobrir a si mesmo e pode ajudá-lo a se afastar da ansiedade e da depressão para um verdadeiro lugar de felicidade e paz. A terapia somática pode ajudá-lo a alcançar tudo isso e muito mais.

DEPRESSÃO E TERAPIA SOMÁTICA

A depressão pode durar dias, meses e até anos. É um desafio lidar com ela e lutar contra ela quando está ocorrendo. Ela pode ser causada por qualquer coisa. Talvez algo em sua vida mude radicalmente ou você passe por um evento traumático. Às vezes, ela surge quando não parece haver um motivo - seu corpo provavelmente está se recuperando anos depois do evento, ou algo pequeno foi o que levou seu corpo ao limite. A depressão é o que ocorre quando nosso corpo entra no modo de "congelamento" permanente ou até mesmo no modo de "desligamento". As mulheres tendem a ter depressão duas vezes mais do que os homens ("*Depressive Disorders*", n.d.). Isso talvez não seja tão surpreendente, considerando tudo o que seus corpos e dinâmicas internas têm de passar em comparação com os homens - combinado com a pressão que as mulheres geralmente exercem sobre si mesmas para "ter tudo": uma pressão que está completamente ausente da vida da maioria dos homens.

Lembro-me de uma época da minha vida em que realmente lutei contra a depressão. Foi entre o final da adolescência e o início dos meus 20 anos. Lembro-me muito bem porque, embora não tenha tido nenhum episódio como esse por muitos anos, estou sempre atento ao retorno dos mesmos sentimentos. Costumava ser um esforço enorme só para sair da cama. Se eu saísse da cama antes do meio-dia, era um milagre. Quando me levantava, não conseguia me dar ao trabalho de tomar banho, escovar os dentes ou me vestir. Eu sempre queria ficar sozinho, pois estar na companhia de outras pessoas se tornava insuportável. Você acha que ninguém gostaria de ficar perto de você, então isso se torna uma profecia autorrealizável, pois você se isola de qualquer pessoa que queira ajudá-lo e apoiá-lo. Embora eu nunca tenha tentado o suicídio, eu simplesmente não tinha esse tipo de intenção em mim, isso não me impediu de ter o tipo de pensamento em que você acha que ninguém sentiria sua falta se você não estivesse lá, e que o mundo provavelmente seria um lugar melhor se você não estivesse lá. Possivelmente, você seria mais feliz se não estivesse mais lá, porque a vida é muito dolorosa e trabalhosa para você. No meu caso, não acho que houve um evento que desencadeou isso; acho que foram muitas coisas durante um longo período de tempo que me levaram a esse ponto, e acho que foi porque era uma parte da minha vida em que tudo estava mudando também. Eu estava questionando quem eu era na maior parte do tempo. Colocar isso em palavras nem sequer começa a descrever como a depressão é sombria e solitária, mas não me sinto assim agora - esse é o ponto positivo. Se você conseguir lidar com ela, a depressão não precisa durar para sempre. Há uma razão para nossos corpos e mentes entrarem em depressão, o que significa que há uma saída. Esse caminho pode ser a terapia somática.

Já sabemos, pelos capítulos anteriores, que há muitas

técnicas de terapia somática que você pode experimentar se estiver deprimido. Você pode usar a TCC para desafiar seus padrões de pensamento. Você pode indagar sobre todos os pensamentos que está tendo constantemente e que descrevem o pior resultado ou estado possível. Vamos refletir sobre o quanto esse pensamento é realista e ver se podemos mudar o padrão de pensamento. A estimulação do nervo vagal também pode ser uma boa opção. Há versões mais extremas, em que eletrodos são usados para estimular o nervo em vez de apenas os dedos, mas a simples estimulação do nervo vagal fará com que seu sistema de engajamento social funcione. Depois, você pode entrar em um clima mais lúdico, talvez brincando com as expressões do seu rosto, com o tom de voz e tentando fazer com que aquela nuvem negra que paira sobre você se afaste, permitindo que a luz do sol apareça.

Você pode seguir algumas técnicas simples que realmente ajudam especificamente com a depressão. Uma delas é colocar-se em posturas ou posições em que você alonga a coluna vertebral. O próximo capítulo menciona as práticas de ioga somática, que incluem posturas que ajudam nesse sentido. Quando ficamos deprimidos, nosso corpo tende a se curvar e o peito se fecha um pouco, portanto, fazer coisas para alongar a coluna ajuda a melhorar a mentalidade e a perspectiva. Não é uma cura permanente, mas pode ser benéfica entre todos os outros trabalhos somáticos.

O movimento também é um ótimo recurso para ajudá-lo se você estiver deprimido. O simples fato de se levantar da cadeira e ficar de pé pode fazer uma pequena diferença. Ainda assim, se você fizer algum exercício básico, alguns pequenos movimentos de ioga, Qigong ou apenas alguns exercícios de tensão e liberação muscular - ambos abordados no Capítulo 9

- isso pode realmente ajudar a levantar seu ânimo e fazer com que você se sinta um pouco melhor consigo mesmo.

A psicoterapia senso-motora, que apresentei no Capítulo 6, pode ser uma ferramenta útil em qualquer luta contra a depressão. Reserve um tempo para sentir seu corpo e fazer essas perguntas a si mesmo sobre como você se sente em relação às coisas. O simples fato de dedicar algum tempo para conhecer seu corpo e o mundo ao seu redor pode animar seu sistema nervoso e ajudá-lo a emitir alguma energia positiva.

ANSIEDADE, GATILHOS, REDUÇÃO DO ESTRESSE E TERAPIA SOMÁTICA

A ansiedade é uma forma de preocupação extrema em que você se sente excepcionalmente estressado, sua respiração pode ficar superficial, você pode sentir como se fosse ter um ataque de pânico, sentir náuseas no estômago ou coceira na pele. Pessoas diferentes têm reações físicas diferentes à ansiedade, mas a angústia mental é semelhante: você está assustado ou preocupado com algo ou alguma situação. Os gatilhos são o que sua memória associou ao perigo - seja uma pessoa, um evento ou um objeto. Por exemplo, eu tinha uma amiga que era proprietária de imóveis e um inquilino lhe causou uma grande dor de cabeça. Quando esse inquilino foi embora, minha amiga passou a ter muito medo de qualquer coisa relacionada ao apartamento. Ela começou a imaginar todos os tipos de problemas com o apartamento que não existiam de fato, mas não era o apartamento que era o perigo real - era o comportamento de pessoas imprevisíveis que era o perigo real. O apartamento em si estava perfeitamente bem.

Conheço uma pessoa que estava fazendo quimioterapia.

Eles comemoraram a conclusão da primeira rodada de cura comendo peixe e batatas fritas - sem perceber que a quimioterapia provavelmente os deixaria enjoados mais tarde. Com certeza, ela "ficou doente" depois do peixe com batatas fritas. Depois disso, não puderam mais comer peixe com batatas fritas por muito tempo - não apenas porque isso os deixou doentes, mas porque, em última análise, os fez lembrar da quimioterapia e, portanto, do câncer. Esses gatilhos podem funcionar com objetos e coisas muito comuns, mas como estão relacionados ao perigo que a pessoa encontrou, o cérebro fica assustado e associa os dois, chegando à conclusão errada.

Devo deixar claro: os gatilhos não são algo ruim. Sua função é importante, pois nos torna conscientes do perigo iminente. O problema só começa a surgir quando o cérebro e o corpo entram em ação exagerada e você começa a ser alertado para o perigo quando, na verdade, tudo está perfeitamente seguro. Isso pode se tornar um problema em espiral, em que, no exemplo do apartamento do meu amigo, ele passa a ter medo dele e, portanto, a melhor maneira de escapar desse medo é não chegar perto dele ou não falar com ninguém sobre ele. Entretanto, sua mente começa a fazer a associação de que o que o salvou do perigo (imaginado) em relação ao apartamento foi não chegar perto dele. Então, você pode ficar ansioso com apartamentos de modo geral. Qualquer apartamento agora é um gatilho para o perigo. Agora, você tem medo de sair porque pode ver um apartamento e tenta não falar com ninguém porque eles podem mencionar que moram em um apartamento. Embora isso possa parecer um pouco bobo, esse tipo de ciclo de pensamento não é incomum. Quando os gatilhos atingem esse nível de sensibilidade, eles se tornam o perigo. Você pode ser pego em uma espiral de ansiedade que só aumenta.

Aqui estão alguns exercícios de terapia somática simples e fáceis de seguir que você pode usar para curar sua ansiedade e diminuir esses gatilhos:

- **1:** Você deve se colocar em uma boa posição de "aterramento". Certifique-se de estar sentado confortavelmente em uma cadeira ou em um sofá com os pés firmemente apoiados no chão à sua frente. Tente relaxar os ombros, o pescoço e os braços. Coloque as mãos e os braços sobre as coxas de modo que fique em uma boa posição para respirar. Respire como faria normalmente e tente se concentrar nos pontos em que está sentindo a ansiedade fisicamente. Identifique essas áreas. É o estômago? Seu peito está apertado? Suas mãos estão suadas? Sua pele está com coceira? Seu coração está batendo forte? Onde quer que esteja sentindo a ansiedade, concentre-se nessa área e imagine sua respiração saindo dessa área. Você pode tocar a área para que sua mente e seu corpo façam a conexão entre o local da ansiedade e o fato de você querer curá-la. Você deve ficar nessa situação de respiração, concentração e cura por aproximadamente 30 segundos para ver o que acontece e, em seguida, deve experimentar isso por um minuto inteiro. Com sorte, a área deve ficar menos tensa e sua ansiedade começará a diminuir.
- **2:** De vez em quando, sente-se e entre em contato consigo mesmo. Como está respirando? Está

respirando com o peito? Em seguida, concentre-se e respire com o estômago. A eliminação dessa forma superficial de respiração deve começar a afetar seus sentimentos de ansiedade e a diminuí-los.

- **3:** Quando estiver se sentindo tenso, encolha essa parte do corpo, deixe-a o mais tensa possível e, em seguida, solte-a lentamente. Por mais estranho que possa parecer, deixar a área em que está sentindo ansiedade o mais tensa possível e depois soltá-la pode, na verdade, reduzir a ansiedade. Isso ocorre porque seu corpo e sua mente reconhecem um problema e o abordam. Depois de fazer isso, seu corpo pode se sentir mais relaxado. Sem esse método e apenas tentando relaxar sozinho, seu corpo sente que talvez você esteja tentando ignorá-lo. Ao reconhecer a ansiedade e se encolher o máximo possível na área em questão e depois soltá-la, seu corpo percebe que você reconheceu que ele está tendo dificuldades nessa área. Agora, você reconheceu que está feliz em esquecer o problema e seguir em frente.

LIBERAÇÃO SOMÁTICA DA RAIVA

Às vezes, a raiva é vista como uma emoção maligna. Nós a vemos com suspeita e medo. Se alguém está com raiva, às vezes vemos isso como uma fraqueza; por exemplo, podemos ouvir: "Oooh, o que há de errado com eles? Toquei em um ponto sensível, não foi?" e outros comentários do gênero. É claro que, como todas as emoções, a raiva tem um propósito.

Se estamos com raiva, é porque algo está errado. Quando alguém está sempre com raiva, há algo errado que é muito mais profundo. Não se trata apenas de um problema no trabalho ou de irritação porque seu parceiro não fez o que você pediu. Isso também pode levar uma pessoa a ter problemas. A raiva constante pode levar à violência e a ameaças ou a dizer coisas indelicadas a pessoas que não deveriam ser ditas. Para algumas pessoas, ela pode resultar em um tratamento silencioso ou em um mau humor sem fim. No final das contas, seja qual for o resultado, não é nada agradável sentir-se assim - estar sempre em desacordo com tudo e todos. Além de tudo, é exaustivo, e a pessoa provavelmente não terá muitos amigos ou familiares que possam tolerar essa raiva permanente. No entanto, quero que você se lembre de uma coisa: não há problema em ficar com raiva, e não é algo de que se deva ter vergonha. É uma emoção humana normal pela qual todos nós passamos. Pode ser perigoso reprimir emoções e pode levar a problemas de saúde, portanto, não há problema em ficar com raiva, dentro do razoável. Só precisamos ter cuidado quando a única emoção que parecemos sentir é a raiva.

A terapia e a vivência somáticas podem ser de grande ajuda para quem precisa entender, liberar e soltar a raiva de forma saudável. Ela ajudará a liberar todas as emoções enterradas profundamente que a pessoa não quis reconhecer e aceitar. O uso de técnicas somáticas por um longo período de tempo pode ajudar muito no controle e na regulação da raiva, o que, por sua vez, pode trazer benefícios para a saúde como a redução de problemas de digestão, músculos mais relaxados, melhor concentração e uma noite de sono melhor (Friedman, 2019).

Como a raiva é uma emoção tão poderosa, é essencial

lidar com ela de forma segura e saudável. Utilizar métodos catalisadores, nos quais a pessoa é incentivada a deixar tudo para fora com gritos ou mais liberações físicas, é uma maneira, mas pode não ser saudável. Entretanto, ao usar a experiência somática e outras práticas semelhantes ao longo do tempo, em que você aprende a ouvir seu corpo, você pode começar a entender sua raiva. Você pode liberá-la aos poucos, de forma controlada e saudável, em um espaço seguro. Deixar tudo sair de uma só vez e de forma descontrolada pode não ter um efeito tão seguro para você - principalmente se tiver TEPT ou outros sintomas de trauma. Na verdade, isso pode ser bastante prejudicial para você, e qualquer raiva será liberada apenas temporariamente - não terá o efeito duradouro de que você precisa.

Vamos fazer um exercício somático de liberação da raiva para ver como é fácil fazê-lo; mais uma vez, é seguro fazê-lo em sua própria casa, e você pode ir para uma sala sozinho e praticar quando a emoção se tornar aparente.

Primeiro, como sempre acontece com as práticas somáticas, conheça seu corpo. Reserve algum tempo para sentir em que parte de seu corpo está a raiva. Inspire e expire profundamente e sinta onde está a raiva. Agora, onde quer que esteja sentindo essa raiva, sacuda o corpo. Você pode usar as mãos para aplicar uma leve pressão, se quiser. Sacuda o corpo e imagine-se sacudindo a raiva para que ela desapareça e você esteja livre e pronto para seguir em frente. Esse é um exercício realmente simples e direto para você administrar quando se sentir com raiva ou frustrado.

Outra opção é encontrar algo que você possa apertar com muita força: uma toalha, algumas roupas ou até mesmo o antebraço de um parceiro ou amigo. Mas tome cuidado: É o antebraço e não o pulso ou a articulação do cotovelo. Certifique-se de que seja algo que lhe permita liberar a raiva, para que você possa continuar com seu dia.

A combinação desses exercícios com a experiência somática geral permitirá que você conheça seu corpo, entenda onde e por que a raiva vive e permita que você a libere lentamente, mas com segurança, para que possa retomar e continuar com sua vida de forma saudável e segura.

9

DESCUBRA NOVOS CAMINHOS PARA A RECUPERAÇÃO (TÉCNICAS ADICIONAIS PARA CURAR O TRAUMA)

E mbora não faça parte da experiência somática, há muitas outras técnicas de natureza somática que podem ser incorporadas às suas rotinas de cura e terapia. Todas elas ajudam na flexibilidade do cérebro e estimulam sua capacidade de se adaptar e mudar para melhor.

PRÁTICAS DE QIGONG E AGITAÇÃO

A tradução de "Qigong" é "trabalho com energia". Isso porque, em sua essência, o que você faz quando pratica Qigong é tentar canalizar a energia por meio das palmas das mãos. Normalmente, isso é feito em pé. Em geral, isso também é combinado com certos trabalhos de respiração. A chave para tudo isso é a coordenação dos olhos com os movimentos que você faz, combinados com a respiração e a concentração da mente. Uma revisão dos muitos estudos sobre Qigong e Tai Chi (outra prática) concluiu que eles trazem muitos benefícios psicológicos e para a saúde (Jahnke et al., 2010). Se pensarmos no que Peter Levine disse sobre os animais que se livram de seus traumas, faz sentido que o envolvimento em práticas energéticas, incluindo a agitação, possa ser bom para nossa saúde física e mental.

O bom do Qigong, assim como de muitas práticas somáticas, é que você pode praticá-lo em qualquer lugar; contanto que encontre um lugar calmo e tranquilo, você pode praticá-lo facilmente.

Para lhe dar uma ideia, aqui está uma prática de agitação fácil para você seguir:

- Comece de pé, com uma boa postura ereta. Feche os olhos e sinta sua respiração; sinta a si mesmo e seu corpo no momento presente. Em seguida, quando se sentir pronto para fazê-lo, abra os olhos, mas tome cuidado para não perder a sensação de estar no presente; desperte a energia em seu corpo. Comece sacudindo o braço direito, mas certifique-se de mantê-lo em um estado relaxado: Não o deixe tenso ao sacudir. Em seguida, chacoalhe a perna direita. Para isso, será necessário levantar um pouco a perna do chão. Quando sentir que está pronto para continuar, abaixe a perna direita e agite o braço esquerdo. Em seguida, quando sentir que está certo, passe para a perna esquerda.
- Quando sentir que pode descer, abaixe a perna esquerda e chacoalhe todo o corpo: braços, pernas, corpo, cabeça - tudo. Mais uma vez, lembre-se de manter o corpo solto e relaxado - não o tencione. Você pode fechar os olhos se quiser. Ao contrário de quando estava sacudindo a perna, você deve manter os pés no chão. Entretanto, você pode

levantar os calcanhares para cima e para baixo, mas não levante a perna do chão. Tente se sacudir com ainda mais força, entregue-se ao ato de sacudir e veja se consegue realmente liberar essa energia de dentro de você. Você pode levantar os braços se for isso que sua energia o estiver orientando a fazer. Sua boca deve estar completamente relaxada, portanto, se isso o levar a fazer ruídos, tudo bem. Você está liberando energia, portanto, não há problema em fazer algum barulho se for essa a orientação. Muito lentamente, comece a se sacudir com um pouco menos de força - faça isso lentamente até voltar à postura estática de pé.

YOGA SOMÁTICA

A ioga somática é, como o nome sugere, uma mistura de ioga com os princípios mente-corpo da somática. Ela usa a consciência somática do corpo para ajudá-lo a reconectar o cérebro e exercitar os músculos para liberar a tensão e o estresse que podem ter se acumulado devido a um trauma. Você não está apenas seguindo o que o professor de ioga lhe diz e copiando o movimento. Você está realmente fazendo esse movimento e pensando em como seu corpo se sente e no que ele está lhe dizendo.

Um aspecto da prática de ioga somática é garantir que haja um elemento de aterramento incluído. Como você deve se lembrar dos capítulos anteriores, o aterramento nos dá a sensação de segurança e calma, o que é muito importante se quisermos ouvir nossos corpos. Para muitas das práticas anteriores, o aterramento significava sentar-se com os pés firmemente plantados no chão. Para a ioga, isso é um pouco diferente, como você pode imaginar. O aterramento nesse contexto consiste em sentar-se no chão, de pernas cruzadas, com os braços estendidos apoiados nas pernas. Em seguida, você levanta as mãos no ar, faz o sinal da paz com as duas mãos e, depois, coloca as mãos (ainda no modo sinal da paz) no chão, deixando os ombros relaxados. Talvez você sinta a necessidade de fechar os olhos. Nessa situação, o chão é a terra, portanto, esse aterramento é a nossa conexão com a terra. Como em todo aterramento, é aqui que você começa a sentir seu corpo no presente e no aqui e agora. Em seguida, você pode inspirar e expirar profundamente; então, estará pronto para começar o restante da prática de ioga.

As várias posturas que você pode fazer na ioga têm razões e benefícios específicos. Vou apenas apresentar algumas delas aqui, para que você conheça seus benefícios:

- **Pose da criança:** Essa postura tem o objetivo de acalmá-lo e pode ser conhecida por reduzir o estresse e aumentar a energia. Para executá-la, você precisa ficar em uma posição ajoelhada. Os dedões dos pés devem estar se tocando e os joelhos devem estar separados. Inspire profundamente e tente alongar a coluna. Expire e incline-se para frente, movendo a cabeça em direção ao chão. Se quiser, você pode usar as mãos para apoiar a cabeça. Abra a parte de trás dos ombros e permita que o estômago e o peito se expandam. Talvez você queira afastar mais os joelhos. Deixe seus braços relaxarem e coloque-os ao lado dos pés, com as palmas das mãos voltadas para cima. Respire e relaxe. Você deve sentir a posição se tornar mais pronunciada ao respirar. Como essa é uma postura de relaxamento, reserve alguns minutos para ficar nessa posição e relaxar. Quando estiver pronto para sair da postura, leve as mãos até os joelhos, inspire e movimente as mãos para usá-las para empurrar o chão e se levantar. Levante o peito e os ombros lentamente para voltar à posição ajoelhada, sentando-se ereto.

- **Pose do gato e da vaca em pé:** Na verdade, são duas posturas diferentes que foram combinadas para criar uma postura ainda mais eficaz. Ela pode ajudar na flexibilidade de sua coluna e, portanto, em sua postura. Entretanto, o melhor de tudo, para nossos propósitos, é que ela ajuda a acalmar a pessoa e pode reduzir o estresse. Para fazer isso, você precisa começar com as mãos e os joelhos, com a cabeça no centro do corpo, olhando para baixo. Primeiro, faça a postura da vaca, então inspire e mova o estômago em direção ao chão enquanto levanta o queixo e o peito e desvia o olhar para cima. Tente mover os ombros para fora e para longe das orelhas. Em seguida, passe para a postura do gato. Expire e mova o estômago para cima em direção à coluna. Imagine um gato quando se levanta de seu cochilo e estica as costas. É basicamente assim que você deve se parecer. Mova a cabeça em direção ao chão, mas tome cuidado para não colocar o queixo no peito. Inspire, voltando para a postura da vaca, e expire, voltando para a postura do gato. Você pode repetir isso pelo menos cinco vezes. Quando precisar sair das posturas, levante-se e sente-se sobre os calcanhares com o corpo em posição ereta.
- **Pose de flexão para frente:** Esta é uma postura que você pode começar em pé. Basicamente, você

se curva (para frente) e tenta colocar as mãos no chão. Não se preocupe se não conseguir; não force e acabe se machucando. Apenas se incline o máximo que puder.

- **Pose de relaxamento:** Tenho certeza de que você pode adivinhar qual é o benefício desta! Deite-se no chão de costas com as mãos ao lado do corpo, ligeiramente estendidas, com as palmas voltadas para cima e as pernas ligeiramente afastadas. Sinta seu corpo e sinta o contato que tem com o chão. Inspire profundamente. É simples assim.

Aqui está um exercício de ioga para você praticar. Comece com o exercício de aterramento que forneci anteriormente. Em seguida, quando terminar, levante as mãos até ficarem na frente do peito - quase como se estivesse fazendo uma oração. Inspire e, em seguida, levante os braços o mais alto que puder. Quando expirar, abaixe os ombros - quase como se estivesse dando de ombros. Repita isso: braços para cima/respiração e ombros para baixo/respiração quatro ou cinco vezes. Em seguida, quando estender os braços para cima dessa vez, junte as palmas das mãos e olhe para cima, se possível. Em seguida, expire, deixe as mãos descerem até a posição de "oração" e coloque-as onde estavam na posição de aterramento.

TÉCNICAS BASEADAS EM MOVIMENTO

Além das práticas de agitação e ioga, há outras técnicas que envolvem movimentos somáticos, ou seja, não se preocupar tanto com a aparência enquanto estiver fazendo o movimento, mas concentrar-se na sensação que ele provoca. Os movimentos somáticos geralmente são lentos para dar aos nossos corpos e cérebros a chance de aprendê-los, executados com total concentração nos sentimentos e sensações dos nossos corpos. Eles geralmente têm algum objetivo, seja benefícios físicos ou mentais, ou ambos.

Essas técnicas incluem o relaxamento de tensão e liberação (condicionado), no qual você tenciona e libera cada músculo do corpo. Essas técnicas devem fazer com que você se sinta muito relaxado e são fáceis de fazer sempre que quiser, em qualquer lugar da casa.

Aqui está um exercício rápido e simples de tensão e liberação para você praticar. Tenha cuidado para não lesionar seus músculos. Se você sentir uma dor aguda, pare.

Concentre-se em um grupo de músculos; por exemplo, digamos que seja a panturrilha. Inspire profundamente e tencione esse músculo até o ponto em que sinta alguma pressão sobre ele; mantenha a tensão por cerca de cinco segundos. Em seguida, solte a tensão e expire ao mesmo tempo. Pode ser uma boa ideia visualizar o músculo liberando a tensão como o ar saindo de um pneu estourado ou algo semelhante - o que funcionar para você. Observe a diferença em como você e seu corpo se sentem quando estão relaxados em comparação com quando estão tensos. Você deve permanecer relaxado por aproximadamente 10 segundos e depois passar para o próximo músculo. Quando tiver concluído todos os grupos musculares, relaxe, absorva e desfrute da sensação de relaxamento. No total, você deve levar de 10 a 15 minutos para concluir o exercício. Os principais grupos musculares são os pés (enrole os dedos para baixo), as panturrilhas, as coxas, as mãos, os bíceps, o bumbum, a barriga, o peito, os ombros, a mandíbula, os olhos e a testa (levante as sobrancelhas).

Você também pode fazer isso como um exercício de relaxamento muscular, no qual você mantém a tensão por cerca de 15 segundos e depois a solta e relaxa. Para isso, basta respirar normalmente - não importa quando você inspira e expira.

AGITAÇÃO PARA LIMPEZA DE TRAUMAS

Os exercícios de agitação para limpeza de traumas são projetados para liberar a tensão e o trauma dos músculos no interior do corpo. Eles envolvem uma forma segura de sacudir que libera a tensão dos músculos e acalma o sistema nervoso e você. Você não precisa de muito tempo - talvez 20 minutos no máximo - e qualquer pessoa pode fazer isso. Não é necessário estar em nenhuma forma física em particular. Isso está muito ligado à teoria de que a maneira como os animais lidam com o trauma é "sacudindo-o", por assim dizer. Quando essa maneira segura de se sacudir é utilizada, ela sugere ao corpo que ele retorne ao seu estado normal de equilíbrio. Esses tipos de exercícios devem deixá-lo com uma sensação de paz e tranquilidade.

Por exemplo: deite-se de costas e coloque as solas dos pés juntas com os joelhos dobrados para fora. Em seguida, levante a pélvis cerca de 2,5 cm do chão e, gradualmente, puxe os joelhos para dentro cerca de 2,5 cm a cada 30 segundos. Depois de algum tempo, você deve chegar a um ponto em que começará a tremer. Se estiver demorando muito tempo para se agitar naturalmente, é porque seus músculos são muito fortes. Talvez você precise manter a postura por mais tempo.

Quando estiver pronto, coloque as solas dos pés e a pélvis no chão e relaxe para permitir que o trauma seja liberado por meio do tremor. Se precisar parar de chacoalhar, basta alongar as pernas. Quando terminar, deite-se de costas e deixe-se acalmar e sentir-se tranquilo. É uma sensação bastante estranha ver as pernas e o corpo tremerem de repente, mas é isso que o corpo foi projetado para fazer quando os músculos ficam cansados, portanto, é perfeitamente natural. É muito terapêutico, pois você se livra de alguns traumas.

ARTETERAPIA SOMÁTICA

Não se preocupe. Você não precisa ser Van Gogh ou Picasso para participar da arteterapia, embora eles pudessem ter se beneficiado se o tivessem feito. Suas habilidades artísticas não importam, mas o que importa é a natureza terapêutica da arte. Também não se trata apenas de pintura; arte significa música, dança, escultura, desenho, escrita e outras formas de arte. O ponto principal é que aprendemos sobre nós mesmos, nossas mentes e nossos corpos. Não se trata da aparência ou do som de seu produto artístico final. Sabemos que muitas vezes expressamos nossos pensamentos e sentimentos mais íntimos quando somos criativos. Veja o número de compositores que lidam com uma tragédia pessoal escrevendo uma música sobre ela. Veja como usamos a arte de outra pessoa para nos expressarmos. Sei que havia uma música em particular que eu costumava tocar e que me ajudava a chorar a morte de minha mãe. Tocá-la me ajudava a desabar, chorar e passar pelo processo de luto. Sem ela, eu ficava com o lábio superior rígido e mantinha tudo dentro de mim, o que, como sabemos, raramente é saudável.

Diz-se que, como a arte envolve nossas capacidades mentais e físicas, isso significa que "esquecemos" qualquer dor física que possamos ter. Não se trata apenas de algo para tirar nossa mente da dor, mas de algo que nos relaxa e, como algumas das técnicas de movimento, pode fazer com que o corpo volte ao seu estado normal. Essencialmente, as pessoas que sofrem de dor crônica grave podem se beneficiar muito com a terapia artística. Um grande estudo mostrou que 200 pessoas hospitalizadas por causa de uma cirurgia ou de um problema médico participaram de terapia artística por 50 minutos. Em média, elas apresentaram melhora no humor e reduziram a sensação de dor e ansiedade (Shella, 2017).

Sabemos que nossa alma, espírito ou psique desempenha um papel importante em nossa cura física. É por isso que as pessoas dizem "mente sobre matéria" e coisas do gênero. Não é o seu cérebro que diz ao seu corpo para ficar bem, mas a parte de você que produz seus sentimentos e pensamentos. A arte é a melhor forma de expressar e envolver essa parte subconsciente de nós mesmos, portanto, não é de se admirar que ela possa ajudar as pessoas que sofrem de dores constantes, sejam elas físicas, psicológicas ou relacionadas a traumas. Dessa forma, a arteterapia pode ser usada junto e em conjunto com a medicina tradicional para ajudar as pessoas com vários problemas de saúde física e mental.

Um exercício rápido de arteterapia que você pode fazer é o seguinte. Infelizmente, para a terapia artística, você precisa de mais do que apenas você mesmo. Para isso, você precisa de giz de cera, lápis de colorir ou canetas. Se você tiver tinta, talvez queira pintar. Você também precisará de papel. Qualquer papel serve - não precisa ser um papel especial de nenhum tipo. Antes de começar a pintar, feche os olhos e inspire profundamente algumas vezes e expire com uma respiração mais longa. Apenas esteja no momento e tenha consciência do seu corpo e do que ele está sentindo e percebendo. Quando se sentir pronto, pegue sua caneta ou lápis e desenhe um círculo grande no papel. Agora, dentro do círculo, desenhe como está se sentindo no momento. Sei que isso é difícil de interpretar, mas siga as formas e cores para as quais você está sendo atraído para representar suas emoções. O círculo representa um espaço seguro e, portanto, você é livre e capaz de se expressar dentro desse círculo. Para saber o que o seu desenho significa, você pode fazer um exercício de escrita no qual você faz perguntas ao desenho, e o desenho, como se fosse uma pessoa, pode responder. Comece com algumas perguntas gerais e, em seguida, chegue a perguntas específicas sobre quais são as necessidades do desenho e como ele pretende satisfazer essas necessidades. Não sinta que precisa seguir um roteiro; deixe a conversa ir para onde você quiser. Deixe que o que quer que surja desse diálogo mergulhe em você. Não tente forçar nenhuma conclusão ou tentar analisar o que você desenhou e discutiu. Simplesmente deixe que isso penetre em você e, ao estar em contato com seu corpo e sua mente, o que precisa acontecer ou ser abordado será resolvido de forma natural.

10

ESSAS PERSONALIDADES
PARECEM FAMILIARES?

Durante nossa vida, entraremos em contato com várias pessoas diferentes, todas com suas próprias identidades e personalidades únicas. Entretanto, há certas personalidades que, se as encontrarmos, são muito capazes de causar danos psicológicos e traumas. Se aprendermos a lidar com essas personalidades e nos curarmos quando entrarmos em contato com elas - e isso tiver um impacto -, poderemos fazer com que nossa capacidade de amor-próprio e autocompaixão aumente muito. Quando entramos em contato com esses tipos de personalidades, elas nos causam danos. A culpa não é nossa: é a outra pessoa que tem o problema, não nós. Infelizmente, elas nunca resolvem seu problema, por isso muitas vezes ficamos com o peso de sua inconsciência enquanto tentamos nos recuperar do trauma que elas causam. Não mais. Após este capítulo, você estará pronto para perdoar a si mesmo e seguir em frente em relação a encontros passados com esses tipos de personalidade, além de estar mais preparado para quando se deparar com eles no futuro.

TRANSTORNO DE PERSONALIDADE NARCISISTA

Esse é um assunto bastante atual porque há comentaristas que sugerem que certas celebridades se enquadram nesse tipo de personalidade. Tudo o que temos são rumores; nenhum de nós realmente conhece os indivíduos em questão, portanto, é um pouco exagerado apontar o dedo. No entanto, há quem diga que os registros de certas celebridades que machucam a equipe, são agressivos com a equipe, afastam os familiares dos amigos e precisam dar entrevistas sobre isso apontam para um narcisista clássico. Como estamos do lado de fora, não sabemos realmente o que é verdade e o que não é, mas é uma premissa interessante.

Aqueles que realmente têm um transtorno de personalidade narcisista geralmente apresentam um senso inflado de sua própria importância, uma necessidade constante de atenção e respeito, têm problemas para demonstrar qualquer tipo de empatia por outras pessoas e, na maioria das vezes, têm relacionamentos muito difíceis. Isso pode causar grandes problemas em todas as áreas da vida de uma pessoa, como trabalho, relacionamentos e administração financeira. Se alguém com esse transtorno não receber a atenção de que precisa, estará propenso a ficar muito infeliz e frustrado. É muito provável que outras pessoas não gostem de sua companhia e se afastem dela.

Outros sinais desse distúrbio incluem o desejo de ser reconhecido como melhor do que as outras pessoas, mesmo que não tenha realizado nada que sugira que isso seja verdade. Eles aumentam suas conquistas e se concentram em ilusões de grandeza sobre o quanto são poderosos, ricos e bonitos. Também podem exagerar na forma como encontrarão o parceiro perfeito. Devido ao seu senso de superioridade, acreditam que só podem se relacionar com pessoas de igual ou maior importância e desprezam qualquer outra pessoa. Eles tentarão dominar as conversas e, com frequência, cortarão ou farão comentários sarcásticos em relação àqueles que consideram não ter o mesmo padrão. Como acreditam que são superiores às outras pessoas, esperam que qualquer pessoa inferior os trate como tal e que qualquer pessoa assim esteja sempre disposta a atender a qualquer pedido. Podem apresentar sinais de inveja em relação a outras pessoas e acreditam que há pessoas que têm inveja delas. Elas sempre querem o melhor de tudo - a melhor TV, o melhor carro, o melhor telefone, a melhor casa e assim por diante. Daí as dificuldades financeiras em que às vezes se encontram.

Devido a tudo isso, os narcisistas não reagem bem a qualquer crítica ou sugestão sobre como podem querer melhorar seu comportamento. Eles podem ficar muito irritados e frustrados se não receberem o tipo de comportamento complacente que esperam das outras pessoas. Com frequência, elas se irritam e tentam rebaixar uma pessoa que consideram inferior, para que possam se sentir melhor consigo mesmas. Nos relacionamentos, esse tipo de comportamento pode acabar em abuso - geralmente psicológico e, às vezes, até físico, se a pessoa não conseguir controlar a raiva. Você nunca saberia qual é a sua posição em relação à pessoa; o relacionamento seria o oposto da segurança e da proteção que você procura. Você pode acabar em um estado constante de angústia, imaginando o que acontecerá em seguida e como seu parceiro se comportará ou responderá a tudo e a todos. Se você reconhece esses padrões de comportamento em seus relacionamentos e acredita que sofreu abuso como resultado, entenda que não há nada em você que o agressor não goste ou não goste: Ele teria se comportado dessa forma com todo mundo. Você pode acabar pensando que há algo de errado com você. Não, não havia nada de errado com você; eles é que estavam doentes. Não ache que cabia a você tentar mudar o comportamento deles. Realmente não havia nada que você pudesse ter feito. Eles precisam assumir a responsabilidade por si mesmos.

O abuso narcisista não ocorre apenas em relacionamentos românticos; pode ocorrer com membros da família, colegas ou gerentes de trabalho. Lidar com esse tipo de transtorno nessas situações também pode causar grandes traumas. Ter um gerente ou colega que o vê como inferior e espera que você atenda a todas as exigências dele pode ser excepcionalmente exaustivo e desmoralizante, para dizer o mínimo. É provável que ele fique furioso com você se você não atender às exigências dele. Quando se trata de um membro da família que você ama, e ele não aceita nenhuma crítica e não tem empatia por você e seus sentimentos, isso pode ser desolador. Obviamente, há muitas oportunidades para danos psicológicos que podem levar anos para serem recuperados, especialmente se isso ocorrer quando você for uma criança pequena.

A terapia somática pode ser uma mão amiga para qualquer abuso narcisista. É quase inevitável que, com esse tipo de trauma, ele fique preso dentro de você, e não é algo sobre o qual você se sentirá facilmente à vontade para falar. Portanto, é improvável que a terapia de conversação, embora possa ser útil, chegue ao verdadeiro ponto crucial do trauma, enquanto a terapia somática será capaz de fazer isso. Ela o ajudará a liberar o trauma que está preso no fundo do seu corpo. Dessa forma, você pode começar a se curar. O trabalho com limites que abordamos em um capítulo anterior também pode ser de grande ajuda caso você se encontre nesse tipo de situação novamente, assim como, é claro, todo o trabalho com amor-próprio, autocompaixão e auto perdão. Nada disso foi culpa sua, e é extremamente importante que você perceba isso e comece a se amar novamente.

Outro método excelente para ajudar a se curar do abuso é participar de algumas sessões de TLE. Tocar esses campos de energia vital e fazer afirmações positivas sobre o que você passou e como vai se curar disso pode fazer maravilhas para o corpo e a alma. Aqui está um pequeno exercício para você seguir:

Inspire profundamente e feche os olhos. Faça com que seu corpo se conscientize dos momentos em seu passado em que se deparou com um comportamento narcisista. Talvez seja uma situação que esteja ocorrendo no presente. Observe em que parte do seu corpo você está sentindo o trauma. Inspire profundamente e abra os olhos.

- **1:** Comece a tocar a lateral de sua mão. Diga:
  "Apesar da mágoa e da dor que um narcisista me causou, eu ainda me amo e me aceito plenamente. Uma pessoa em meu passado ou em meu presente me causou danos por meio de seu narcisismo e não é fácil me recuperar dessa experiência. Acho difícil seguir em frente e realmente me sentir livre da dor. Apesar da mágoa e da dor que um narcisista me causou, eu ainda me amo, respeito e me aceito de todo o coração. Espero que o narcisista encontre sua própria paz e consiga se curar e se libertar de seu comportamento prejudicial."

- **2:** Toque na testa, acima da sobrancelha interna, na têmpora, na maçã do rosto, no lábio superior, no queixo, na área do coração, na axila, ao lado das costelas e no topo da cabeça. Continue a repetir esse ciclo enquanto diz o seguinte:

A mágoa, a dor e os danos infligidos a mim pelo narcisismo. Todos os dias, eu estava com medo porque não sabia o que fazer ou como me comportar. Vou me curar de tudo isso. No passado, talvez eu tenha tido medo de me permitir curar. Era mais fácil não ter de lidar com a dor que estava sentindo e acreditar que havia algo errado comigo e não com eles. Se eu me curar e me amar novamente, isso abre a possibilidade de me machucar novamente no futuro, portanto, é mais fácil não fazer nada. Eu amo e aceito esses pensamentos e sentimentos. Embora eu saiba melhor agora, eles eram pensamentos e sentimentos naturais. Agora estou pronto para me curar dessa experiência. Mereço ter calma e serenidade em minha vida. Mereço amar e ser amado. O comportamento que me foi demonstrado não se referia a mim, embora isso parecesse ser a realidade naquele momento. Por isso foi tão difícil deixar de lado a mágoa e a dor, mas agora sei que o comportamento deles não era pessoal - eram apenas os sintomas de sua doença e não tinham nada a ver comigo.

Estou pronto para me curar. Estou seguro e protegido. Estou cuidando de mim mesmo. Aprendi a estabelecer e respeitar limites. Eles me menosprezaram e me fizeram sentir inferior, mas rejeito essa noção. Eles não são melhores do que eu.

Minha vida não será ditada por essa experiência. Tudo o que a pessoa disse foi apenas a doença dela falando. Isso não é a realidade. Eu sei a verdade. Sou uma pessoa incrível, digna de amor e respeito. Estou pronto para me curar. Eu vou me curar. Se alguém realmente amasse e respeitasse a si mesmo, seria capaz de me amar e respeitar. As pessoas que são cruéis com as outras geralmente não amam nem respeitam a si mesmas para começar. Reconheço isso e estou seguindo em frente. Estou me curando de tudo o que eles disseram e fizeram. Eu me amo de uma forma que essa pessoa nunca amou, e outras pessoas me amarão. Eu me amo e me respeito plenamente.

- **3:** Inspire profundamente e feche os olhos. Expire e abra os olhos. Esperamos que os locais do seu corpo onde estava sentindo o trauma tenham agora sentido algum alívio e que você tenha liberado parte da tensão e do trauma. Volte a se concentrar e repita conforme necessário.

Lembre-se de que não há problema e é perfeitamente natural ficar com raiva desse tipo de abuso. Você foi maltratado por parceiros, familiares, amigos ou colegas de trabalho. Isso não se deveu a nada que você tenha feito: Foi porque eles estavam doentes. Entretanto, o fato de estarem doentes não é desculpa para o que fizeram com você e para o que o fizeram passar. Você não precisa justificar o comportamento deles em nome deles. O que eles fizeram foi errado - pura e simplesmente. Se você está com raiva disso, é seu direito e não há problema algum nisso. Não tente reprimir suas emoções ou mantê-las engarrafadas dentro de você, pois isso não é saudável. Não há problema em ficar realmente irritado com a pessoa e com o que ela fez com você.

TRANSTORNO DE PERSONALIDADE BORDERLINE

O transtorno de personalidade Borderline se manifesta em uma pessoa com humor e comportamento muito variados. Isso geralmente resulta em decisões e ações muito impulsivas. As pessoas que sofrem de TPB podem ter períodos de raiva, depressão ou ansiedade graves que podem durar vários dias.

Os sintomas desse transtorno também podem incluir mudanças extremas de humor e dificuldade de se identificar consigo mesmo e com seu lugar no mundo. Isso significa que seus gostos e aversões podem mudar em um instante. Eles tendem a ver tudo como uma de duas coisas: bom ou ruim. Isso pode dificultar a vida das pessoas ao seu redor, pois em um dia podem pensar que alguém é seu melhor amigo e, no dia seguinte, podem acreditar que essa pessoa é seu pior inimigo. Obviamente, isso pode levar a relacionamentos muito nocivos e voláteis com parceiros, amigos, familiares e colegas de trabalho.

As pessoas que sofrem dessa doença podem ter problemas de abandono (sejam eles reais ou não) e tentar levar os relacionamentos adiante muito rapidamente ou cortá-los completamente, para que não sejam as primeiras a serem abandonadas. Conforme mencionado no primeiro parágrafo, o comportamento impulsivo pode ser resultado do transtorno de personalidade borderline. Portanto, o paciente pode sair para fazer compras caras, dirigir muito rápido e sem o devido cuidado, ter relações sexuais desprotegidas com muitos parceiros, consumir drogas ou álcool excessivamente ou até mesmo comer demais em um curto período de tempo. Não é raro que as pessoas que sofrem desse transtorno se automutilem ou pensem em suicídio.

Pode ser que as pessoas que desenvolvem o transtorno de personalidade borderline tenham passado por eventos traumáticos durante a infância, como abuso ou abandono. Portanto, assim como a terapia somática pode curar esses problemas, ela também pode ajudar a curar alguém com transtorno de personalidade borderline. Se conseguirmos curar o trauma dentro da pessoa, isso, por sua vez, deve começar a curar a doença mental. Além disso, você pode incluir a TCC, que ajudará a pessoa a ter mais consciência de seus padrões de pensamento e de como mudá-los. Você pode começar a ver como a terapia somática pode ajudar a curar as pessoas com transtorno de personalidade borderline.

PARCEIROS ABUSIVOS EM RELACIONAMENTOS

Um relacionamento abusivo pode incluir abuso físico ou sexual, abuso emocional ou negligência. Obviamente, qualquer pessoa que tenha que passar por esse tipo de relacionamento com uma pessoa não sairá ilesa. É mais do que provável que isso cause trauma. É provável que afete o comportamento futuro e pode causar gatilhos para que coisas comuns da vida causem medo na pessoa. O agressor pode até fazer com que você duvide de seus próprios pensamentos e sentimentos. Ele pode ter encontrado uma maneira de isolá-lo da família e dos amigos, de modo que você não tenha mais ninguém para lhe dizer que o comportamento do seu parceiro é errado e que você precisa sair do relacionamento. Depois de passar por tudo isso, fica muito difícil voltar a confiar em alguém que esteja tão próximo de você.

Para ajudá-lo a tentar evitar se envolver em tais relacionamentos, esses são os tipos de personalidades e pessoas que você precisa evitar. No entanto, isso nunca é fácil, porque parte do kit de ferramentas do abusador é ser capaz de encantá-lo nos estágios iniciais de um relacionamento, para que suas verdadeiras cores venham à tona muito mais tarde.

Os tipos de personalidade mais prováveis de infligir abuso a uma pessoa são o narcisista, que já abordamos, o sociopata e o psicopata. Alguns dos traços de caráter dos três podem se sobrepor.

Os sociopatas tendem a não ter empatia por ninguém, podem se entregar a comportamentos impulsivos, tentam controlar outras pessoas, geralmente de forma agressiva, podem ser charmosos e carismáticos, nunca aprendem com seus erros ou aceitam qualquer punição por seu comportamento, mentem sem pensar duas vezes, muitas vezes tentam se envolver em brigas, podem ameaçar se prejudicar sem intenção de fazê-lo e podem ter problemas para manter um emprego ou se endividar.

Os psicopatas não são muito diferentes. Assim como no caso do sociopata, a psicopatia não é um diagnóstico psiquiátrico real. Alguém que se alinhe a essas características pode, na verdade, ser diagnosticado como portador de transtorno de personalidade antissocial (TPA). O aspecto antissocial não vem do fato de serem insociáveis - como os sociopatas, são capazes de grande charme e carisma - mas de sua tendência a não se importar muito com as regras da sociedade (Lindberg, 2019). Além de não se preocuparem muito com a sociedade, eles não se preocuparão com a segurança ou o bem-estar de ninguém. Não terão muita moral, serão mentirosos constantes e poderão se envolver em comportamentos muito imprudentes e perigosos. É mais do que provável que demonstrem muita raiva e, em geral, sejam bastante agressivos.

A terapia somática pode curar qualquer pessoa que esteja passando ou tenha saído de um relacionamento abusivo. Ela realmente pode atenuar essas cicatrizes emocionais. Pode aliviar o trauma de seu corpo de forma segura e protegida. Pode ajudá-lo a se conhecer novamente, perceber a verdade da situação - que não foi culpa sua - e ajudá-lo a se amar novamente e a se perdoar.

Vamos fazer um exercício rápido que o ajudará a começar a se curar de um relacionamento abusivo. Sente-se confortavelmente e feche os olhos. Perceba o que seu corpo sente quando você se lembra desse relacionamento abusivo. Anote o que está sentindo. Pratique a respiração profunda e, enquanto estiver fazendo isso, diga o seguinte: "Estou aceitando esse sentimento. Eu me amo. Estou me curando. Eu estava com medo, mas agora estou seguro e protegido. Quero me curar e sei que posso me curar". Continue respirando e dizendo essas frases, e você começará a sentir seu corpo se curar com o tempo.

11

PARA ONDE IR A PARTIR DE AGORA – COMO SABER SE VOCÊ ESTÁ SE RECUPERANDO

Uma coisa é praticar a terapia somática, mas como saber se ela está funcionando? É disso que trata este capítulo: saber quando você está se curando. Você será capaz de identificar os sinais que lhe dizem que a cura está ocorrendo. Ficará claro para você como saber o que conseguiu até agora e o que ainda precisa trabalhar e melhorar. Isso também ajuda a gerenciar suas expectativas em relação ao tempo que pode levar para se curar e se recuperar totalmente. O principal a ser lembrado, acima de tudo, é que, mesmo que esteja achando difícil se curar e amar a si mesmo neste momento, você não está sozinho. Já passei por algumas das experiências descritas neste livro, portanto, quero que saiba que tem meu apoio, amor e respeito. Tudo isso está contido nas palavras destas páginas - espero que seja uma fonte constante de conforto para você. Também é sempre aconselhável buscar apoio externo de outras pessoas que possam ter passado pelo mesmo que você.

COMO SABER QUE VOCÊ ESTÁ SE CURANDO

Uma coisa que você deve ter em mente é que a cura não é algo que ocorrerá depois de apenas dois minutos de prática de respiração. É algo que precisa ser adotado como parte principal de sua vida para ser alcançado. Não é como uma perna quebrada - você a envolve com gesso, deixa-a de lado e ela se cura - e pronto. Não, você precisa continuar praticando a terapia somática e realmente integrá-la à sua vida para que ela seja um sucesso completo.

Então, como saber se a terapia está funcionando? Em primeiro lugar, isso se manifesta por meio do sistema nervoso, que, à medida que você faz a terapia, deve ficar muito mais regulado e em harmonia. Sua resposta de luta ou fuga deve estar se estabilizando e sua frequência cardíaca deve estar em um ritmo normal. Você deve estar dormindo bem e sua digestão deve estar boa. Seu sistema imunológico deve estar mais forte. Sua pressão arterial deve estar normal. É claro que nem todos esses aspectos mudarão da noite para o dia. Se você estava tendo problemas específicos em qualquer uma dessas áreas, com o tempo, deve começar a ver pequenas melhorias. Talvez você tenha notado que dormiu um pouco melhor ou que consegue ir ao banheiro com mais regularidade. Isso não se refere apenas ao lado físico das coisas - talvez você perceba que conseguiu estabelecer um limite, enquanto antes isso o assustaria muito. Seja o que for, você verá essas pequenas mudanças ocorrerem à medida que fizer o trabalho.

Outra maneira de notar uma diferença é na sua capacidade de permitir que mais coisas entrem em sua vida. Quando o trauma está preso em seu corpo e está tendo todos esses efeitos negativos em sua vida, você percebe que não faz muita coisa e não quer ter muitas pessoas em sua vida, pois está ansioso ou estressado com muitas situações e pessoas. Pode ser que algo o tenha desencadeado e você tenha entrado em retiro. Ou algo acontece e você fica com raiva e não consegue se acalmar. Quando você está se curando, começa a perceber que pode assumir mais responsabilidades. Menos coisas o deixam ansioso e estressado, portanto, você tem mais tempo para viver a vida. Enquanto você ficava com raiva e não conseguia se acalmar, agora as coisas estão acontecendo. É como água nas costas de um pato: Você simplesmente segue em frente.

Essas são as duas principais maneiras de monitorar e perceber se a cura está funcionando. Se você está lendo isto depois de realizar a terapia somática por algum tempo e está percebendo algumas dessas melhorias, muito bem! Você está se curando e que continue a se curar. Se você está apenas no início da jornada, agora pode esperar ver esses tipos de melhorias ao longo do tempo para que possa viver a vida ao máximo e ser a melhor versão de si mesmo que puder. Estou ansioso para ver você alcançar isso também.

O QUE PROCURAR EM UM TERAPEUTA SOMÁTICO?

Embora tenhamos nos concentrado em exercícios que você pode fazer em casa, para realmente ter acesso a tudo o que está envolvido na terapia somática, você provavelmente vai querer encontrar um terapeuta somático. Talvez você queira examinar as qualificações, a experiência e se o terapeuta é licenciado: Se não for, risque-o de sua lista.

Com um terapeuta, você tem o indicador adicional de que precisa se sentir confortável com ele. Você precisa sentir que ele o compreende e que está de acordo com os problemas que você deseja resolver. Uma maneira de entender isso é fazer uma pergunta muito simples: se ele pode ajudá-lo? Com base na resposta, você deve ter uma boa ideia se vai se sentir confortável com ele. Você sempre pode fazer algumas perguntas complementares também. Espero que este livro tenha lhe dado um pouco de confiança e bastante conhecimento para ter a confiança necessária para fazer essas perguntas. Você provavelmente vai querer perguntar qual é o plano de ação do profissional: Qual é exatamente o tratamento que ele provavelmente recomendará para você? Isso o ajudará a ter uma boa ideia de que se trata de alguém em quem você pode confiar. Ele o entendeu e, com base no seu trauma, conseguiu aplicar um plano aproximado para você? Da mesma forma, ele tem coragem suficiente para admitir que as coisas podem mudar no decorrer do tratamento? Conforme as coisas forem surgindo nas sessões, talvez seja necessário adaptar o plano. É bom saber se ele é humilde o suficiente para admitir que essa é uma possibilidade. Da mesma forma, não confie em alguém que diga que seguir o plano dele o curará definitivamente em um período de tempo específico. Essa pessoa não sabe realmente como as coisas podem se desenrolar. Pode ter uma boa ideia, mas ninguém pode saber com certeza até que você comece a fazer o trabalho. Os terapeutas que fazem promessas definitivas provavelmente não são confiáveis. Com base em tudo isso, você provavelmente não vai querer encontrar um terapeuta que o obrigue a se comprometer com um longo período de terapia por uma grande quantia de dinheiro, já que qualquer plano feito para esse tipo de coisa pode mudar. O ideal é que ele seja o mais adaptável e flexível possível em sua perspectiva.

Não se trata apenas de se sentir confortável: Trata-se de saber se você realmente gosta da pessoa. Você poderia imaginá-la como alguém em cuja companhia você gosta de estar. De certa forma, um caminho leva ao outro, pois é improvável que você se sinta confortável na presença de alguém de quem não goste. No entanto, não se trata apenas de estar confortável, especialmente porque, depois de passar por um trauma, você pode não se sentir confortável consigo mesmo, muito menos com qualquer outra pessoa. Comece já a usar esse sentido somático e veja se você gosta do terapeuta como pessoa ou não.

No que se refere às qualificações, no mínimo, você vai querer um terapeuta que tenha recebido treinamento em experiência somática. O ideal é que ele seja qualificado em outra coisa - um campo ligeiramente diferente da experiência somática - para que não se concentre apenas em uma única maneira de fazer as coisas. É sempre bom ver alguém que também está progredindo. Eles não treinaram apenas em uma coisa e pararam: Continuaram a aprender e a crescer como terapeutas. Uma das maiores qualificações pode ser o fato de a pessoa ter feito o trabalho em si mesma e ter usado sua própria terapia somática para se curar. Isso sugere que o que ele fez funcionou, e ele deve ter alguma experiência com o que você passou. Em última análise, ele deve ser capaz de entender e ter empatia por você.

Lembre-se de que, desde que você não tenha assinado um contrato duvidoso que diga que você nunca poderá sair, você não precisa fazer nada. Se, depois de algum tempo, achar que não está funcionando para você, não há nada que o impeça de encerrar a terapia lá. Você nunca será pressionado a continuar fazendo algo que não está fazendo diferença para você. Você sempre pode procurar terapeutas alternativos e terapias alternativas.

COMO ENCONTRAR UM SENTIDO APÓS UM TRAUMA

Pode ser difícil passar por um trauma, mesmo que você esteja se recuperando ou tenha começado a se recuperar. Você sabe que quer seguir em frente, mas não sabe para onde quer ir. Abaixo estão algumas dicas para ajudá-lo a encontrar a si mesmo e a encontrar significado após o trauma.

Uma dica é tentar levar uma vida plena. Sei que é mais fácil falar do que fazer, mas depois de tudo pelo que passou, você provavelmente sente que há um grande buraco em sua vida. Com o que você quer preenchê-lo? Pense no que você quer que o faça ficar ansioso para acordar amanhã e aproveitar o dia.

Se há coisas que o impedem de aproveitar sua vida, então é hora de admitir que elas existem - não como algo ruim ou algo para se sentir culpado, mas de uma forma pragmática e aceitável. Todo esse trauma fez com que eu ficasse, digamos, "distante" nos relacionamentos. Agora, aceito que esse é o caso, e esta é uma oportunidade para que eu mude isso aos poucos. Pode ser doloroso e difícil, mas se pudermos aceitar que pode haver coisas que nos impeçam de progredir, em vez de vê-las como algo negativo, podemos encará-las como uma chance de tentar melhor desta vez e transformá-las em uma oportunidade.

Uma coisa importante a ser lembrada é que, ao passar por

isso e ainda estar aqui, você é uma pessoa excepcionalmente resiliente. Isso significa que você provavelmente pode superar qualquer coisa. Você é uma pessoa forte, mesmo que às vezes não pareça, e essa é realmente uma lição importante que você aprendeu. Por meio da terapia somática, você só crescerá ainda mais como pessoa. Embora o que você tenha passado tenha sido terrível e você preferisse nunca ter passado por isso, a longo prazo isso o tornará mais forte. Essa é uma forma de dizer também que precisamos encontrar um sentido para a vida. Sem esse significado, geralmente ficamos à deriva sem saber para onde estamos indo. É importante fazer as coisas e ver as pessoas que dão sentido à sua vida. Se você conseguir fazer isso, poderá preencher o buraco que o trauma deixou em você.

O RITUAL SOMÁTICO DIÁRIO PARA UMA CURA FORTALECIDA

Ao longo dos capítulos, tentei dar a você alguns exemplos e exercícios para trabalhar e ver o impacto que eles têm. No entanto, a melhor coisa é reunir grande parte disso em um ritual diário para obter uma experiência de cura aprimorada. Incluí aspectos de vários capítulos deste livro. No total, o ritual deve levar cerca de 30 minutos, portanto, você deve conseguir encaixá-lo em seu dia. Acho que esse ritual funciona particularmente bem pela manhã, pois tem elementos que liberam a tensão e relaxam, mas também o preparam para enfrentar o dia seguinte.

Depois de pegar o jeito desse ritual, você pode facilmente escrever o seu próprio ritual com o conhecimento e a experiência que adquiriu. Pode até mesmo afixá-lo na parede ou na geladeira para lembrá-lo constantemente e inspirá-lo a realizá-lo todos os dias.

1: Prática de Respiração (Cinco Minutos):

- Encontre um lugar confortável para se sentar. Não é necessário sentar-se completamente reto, mas suas costas precisam estar apoiadas.
- Feche os olhos.
- Faça três respirações profundas: Inspire pelo nariz e expire pela boca.
- Coloque uma mão na barriga e outra no peito. Faça 10 respirações profundas. Você deve sentir o ar começando na barriga e subindo em direção ao peito.
- Faça 10 respirações profundas: inspire e expire pelo nariz.
- Faça 10 respirações profundas: inspire pelo nariz e expire pela boca.
- Faça 10 respirações profundas: Inspire e expire pela boca.
- Inspire uma última respiração profunda. Mantenha-a por sete segundos. Expire e relaxe.
- Relaxe por 30 segundos, respirando normalmente.
- Abra os olhos.

2: Exercício de Atenção Plena (Cinco Minutos):

- Certifique-se de estar em uma posição confortável.
- Feche os olhos.

- Tome consciência de seu corpo e veja se há alguma área específica que esteja relaxada. Concentre-se em uma parte do seu corpo que esteja se sentindo bem e relaxada. Concentre-se nesse local e nessa sensação.
- Pense em uma palavra que melhor descreva essa sensação.
- Observe todas as mudanças em sua respiração ao se concentrar nos locais relaxados e felizes do seu corpo.
- Para finalizar o exercício, comece a observar lentamente os sons e os cheiros ao seu redor.
- Quando estiver pronto, abra os olhos.

3: TLE com Toque (Cinco Minutos):

- O ciclo incluirá toques na lateral da mão por um minuto, seguidos de um ciclo contínuo no topo da cabeça, parte interna da testa, acima da sobrancelha direita, têmporas, maçãs do rosto, lábio superior, queixo, área do coração e sob a axila, ao lado das costelas.
- Diga o seguinte enquanto estiver tocando: "*Eu me amo e me aceito de todo o coração. Estou pronto para me curar. No passado, achava difícil aceitar a verdade ou que eu não havia feito nada de errado e que era uma boa pessoa. Agora sei que isso é verdade. Não posso esquecer meu passado, mas posso seguir em frente. Eu me aceito como sou. Sou um ser humano lindo e amoroso e mereço ser amado. Eu me respeito e me aceito. Estou pronto para me curar e vou me curar.*"

- Não se apresse em fazer o toque. Você não precisa se apressar de um estágio para o outro. Não tenha pressa em dizer as afirmações. Você pode optar por não dizê-las se achar que não se aplicam ou acrescentar algo que considere mais apropriado.

4: Qigong (Cinco Minutos):

- Fique em uma posição ereta. Certifique-se de estar bem relaxado e fique de pé com os pés ligeiramente separados.
- Inspire e estenda as mãos para cima.
- Expire e abaixe as mãos até o centro do corpo. Coloque as mãos voltadas uma para a outra com as palmas para baixo - quase como se estivesse empurrando algo para baixo com o ar abaixo das mãos.
- Esfregue as mãos uma na outra, como se estivesse tentando acender uma fogueira, até que elas comecem a ficar quentes.
- Quando estiverem quentes, feche os olhos e coloque as palmas das mãos sobre as pálpebras. Mantenha-as ali por aproximadamente 30 segundos.
- Afaste as mãos das pálpebras e esfregue-as em todo o rosto. Esfregue seu rosto de 10 a 30 vezes.
- Agora, passe os dedos pelo cabelo. Isso depende da quantidade de cabelo que você tem. Pode ser apenas uma passagem curta ou você pode passar os dedos pelo cabelo por um bom tempo. Faça isso de

10 a 30 vezes, dependendo de quanto tempo você tem disponível.

- Esfregue suas orelhas. Basicamente, você está fazendo uma massagem nas orelhas, portanto, pode esfregar ou puxar as orelhas - o que for melhor para você.
- Coloque as mãos gentilmente no pescoço e pressione os músculos. Suavidade é fundamental: você não quer se machucar.
- Encontre a parte da coluna vertebral que se projeta logo abaixo dos ombros. Toque-a suavemente com uma mão e, em seguida, com a outra mão. Faça isso por cinco segundos com cada mão.
- Se ainda estiver sentindo alguma tensão depois disso, basta sacudir rapidamente todo o corpo. Como você tem usado muito os braços, sacuda especialmente a tensão das mãos, dos braços e dos ombros.
- Termine inspirando, estendendo a mão para cima e expirando - abaixando as mãos.

5: Exercício Somático de Yoga (10 Minutos):

- Comece com uma postura de flexão para frente.
- Faça lentamente a postura da vaca-gato em pé com os joelhos dobrados, levando as mãos até os joelhos e levantando suavemente as costas e a cabeça.
- Volte para a postura de flexão para frente e repita, indo para a postura de gato e vaca em pé e voltando para a postura de flexão para frente algumas vezes.

- Fique em pé, agachado, mas coloque os cotovelos na parte superior das coxas e, suave e lentamente, desça os cotovelos pelas coxas até alcançar os joelhos. Faça isso três ou quatro vezes.
- Faça a postura da vaca-gato em pé com os joelhos dobrados. Passe da pose da vaca para a pose do gato. Faça isso cinco vezes.
- Fique em pé com as pernas afastadas e balance os braços de um lado para o outro, um braço de cada vez. Comece devagar e acelere o movimento. Faça isso cinco vezes.
- Faça a postura da vaca-gato em pé com as mãos e os joelhos. Faça isso cinco vezes.
- Faça a postura da criança. Mantenha-a por alguns instantes.
- Deite-se de costas com os braços estendidos atrás de você. Balance sua perna de um lado para o outro. Faça o mesmo com a outra perna. Faça isso cinco vezes.
- Fique de costas e junte as solas dos pés com os joelhos dobrados. Mantenha essa posição por alguns instantes.
- Levante-se e sente-se com as pernas cruzadas, com os braços apoiados nas pernas. Mantenha-se assim por alguns instantes.

POSFÁCIO

Muito bem! Desejo a você uma força incrível em sua aventura somática. Você chegou até o fim. Isso, por si só, já é motivo de orgulho. Você pode se parabenizar por ter dado o primeiro passo, ficando curioso sobre a terapia somática e lendo sobre ela. Tenho certeza de que, com sua curiosidade, combinada com os conselhos e práticas deste livro, você estará no caminho certo para se curar do trauma que sofreu no passado. A simples leitura deste livro mostra sua coragem em querer se curar do trauma, e você precisará dessa coragem ao continuar sua jornada.

O trauma é um evento abrangente pelo qual passamos. Durante muito tempo, as pessoas supuseram que era algo que só acontecia no cérebro. Agora sabemos muito mais ‑ que ele acontece no cérebro, no corpo e no espírito. Uma das únicas maneiras de alcançar todos esses três aspectos e curar-se de fato é por meio da terapia somática. Não estou dizendo que a "terapia da conversa" não seja útil porque, é claro, ela pode ser. Ainda assim, a terapia da conversa por si só nem sempre chegará à raiz do trauma em seu corpo e, às vezes, a terapia da conversa pode ser a pior coisa para uma pessoa com trauma se submeter, pois, ela será solicitada a trazer à tona suas experiências traumáticas. Há pouca titulação praticada na terapia da conversa, mas trabalhar com a terapia somática ajuda a liberar o trauma pouco a pouco - não apenas por meio da conversa e do uso da mente, mas por meio do contato e da consciência do que o seu corpo sente e percebe.

O problema com o trauma é que ele também acaba causando outros problemas, como dor crônica, depressão, ansiedade, vício, problemas de digestão e falta de sono, mas todas essas coisas podem ser abordadas e trabalhadas com a terapia somática. Outra coisa maravilhosa sobre a terapia somática é que há tantos elementos que você não fica preso a apenas um método ou outro; há uma variedade de técnicas e exercícios que podem ser empregados. Às vezes, pode ser uma tentativa e erro, mas você deve encontrar algo que seja adequado e funcione para você.

Por meio dos conceitos que a terapia somática nos ensina, realmente adquirimos uma compreensão do nosso corpo, de como ele funciona e de como podemos fazer com que ele trabalhe melhor para nós. O aterramento é um ótimo exercício para se estabilizar e tomar consciência do seu corpo e do que ele está sentindo. Se alguma vez você perceber que sua mente está acelerada ou que está entrando em pânico ou ansiedade, uma das melhores coisas a fazer é sentar-se por alguns instantes com os pés firmemente apoiados no chão e praticar algumas técnicas de estabilização. Quase sempre me sinto mais calmo e em paz depois de fazer isso, entrar em contato com o meu corpo e ouvi-lo. É quase como se meu corpo agradecesse ao meu corpo por isso. É quase como se meu corpo me agradecesse por tê-lo ouvido.

Estabelecer e manter limites pode ser um exercício essencial para muitas pessoas - principalmente para aquelas que mergulharam na vida de outras pessoas ou que estiveram em relacionamentos abusivos. Isso também ajuda a manter as coisas no presente e no aqui e agora, que é onde todos nós queremos viver.

Como mencionei no último capítulo, a terapia somática ajuda você a começar a autorregular seu sistema nervoso e, a longo prazo, isso pode ter um impacto muito importante. Suas emoções tornam-se autorreguladas. Você não fica mais chateado com alguém aparentemente sem motivo. Bem, não estou dizendo nunca: Todos nós ficamos cansados e mal-humorados às vezes, mas não porque você tem um trauma que ainda está preso em seu corpo. Sua resposta de luta ou fuga se torna mais regulada, de modo que nem tudo o que acontece o levará a um estado de pânico e ansiedade. Aos poucos, seu processo de tomada de decisão se torna mais alinhado com o que deveria ser. A digestão, o sono e muitas outras coisas podem se tornar mais reguladas, e tudo isso leva à recuperação, à cura e a ter o tipo de vida que você imagina ter para si mesmo. A autorregulação é uma parte vital e um objetivo da terapia somática.

O uso do movimento também pode ser considerado uma pedra angular da experiência somática. Isso não precisa ser dança (embora isso esteja disponível na arteterapia) ou qualquer coisa excessivamente energética. Pode ser tão simples quanto algumas posturas de ioga, alguns movimentos de Qigong ou algumas tensões e liberações musculares. Podem ser tão energéticos quanto você quiser ou tão serenos quanto quiser, mas esse movimento é outra parte de conhecer seu corpo, estar ciente dele e ouvir o que ele está lhe dizendo.

Todos esses movimentos abordam o fato de que o trauma está em seu corpo - não apenas em sua mente.

Não tenho dúvidas de que você tomou a decisão certa. A terapia somática é uma das melhores maneiras de se curar de seu trauma. Estou orgulhoso de você por ter dado um passo tão monumental. Gostaria de poder estar ao seu lado durante sua jornada somática, mas espero que você sinta que estou com você, torcendo por você na forma deste livro. Você pode transformar sua vida e ter uma vida muito menos cheia de dor e mágoa do que a atual. Você pode começar a desejar a vida. Você pode começar a ficar animado ao acordar de manhã - e não com aquela sensação horrível de pavor no fundo do estômago. Na verdade, você mal pode esperar para ver o que o dia lhe reserva.

Você não é mais controlado pelo trauma e assumiu o controle de sua vida. Essa é uma afirmação muito poderosa e que será verdadeira. Você tem o resto de sua vida para viver; vá e aproveite-a.

É muito fácil incorporar muito disso em sua rotina diária também. Até mesmo o ritual que apresento leva apenas 30 minutos de seu dia. Muito disso pode ser feito quando você acorda ou antes de ir para a cama, de modo que você pode facilmente se certificar de que está cumprindo. Tudo o que você precisa é de um espaço tranquilo em sua casa (às vezes é mais fácil falar do que fazer, eu sei) e pronto.

Esse é seu corpo. Esta é sua vida. Vá e faça dela o melhor possível. Tudo de bom e, como todo este livro o incentiva a fazer, cuide de si mesmo.

REFERENCES

All images are courtesy of Pixabay.

Barnes, S., Brown, K., Krusemark, E., Campbell, W & Rogge, R. (2007, October 11). *The Role of Mindfulness in Romantic Relationship Satisfaction and Responses to Relationship Stress.* Journal of Family and Marital Therapy. https://doi.org/10.1111/j.1752-0606.2007.00033.x

Baxter, S. (2019, October 20). *Vagus Nerve Reset to Release Trauma Stored in the Body (Polyvagal Exercises).* Vagus Nerve Reset To Release Trauma Stored In The Body (Polyvagal Exercises) - YouTube

Baxter, S. (2020, November 9). *Vagus Nerve Exercises to Rewire Your Brain from Anxiety.* Vagus Nerve Exercises To Rewire Your Brain From Anxiety - YouTube

Bell, A. (2017, July 21). *Somatic Psychotherapy.* Good Therapy. Somatic Psychotherapy (goodtherapy.org)

Bell, A. (2018, June 19). *Somatic Mindfulness: What Is My Body Telling Me? (And Should I Listen?).* Good Therapy. https://www.-goodtherapy.org/blog/somatic-mindfulness-what-is-my-body-telling-me-and-should-i-listen-0619185

Brom, D., Stokar, Y., Lawi, C., Nuriel-Porat, V., Ziv, Y., Lerner, K. & Ross, G. (2017, June 6). *Somatic Experiencing for Posttraumatic Stress Disorder: A Randomized Controlled Outcome Study.* Wiley Online Library. https://dx.doi.org/10.1002%2Fjts.22189

Butler, A., Chapman, J., Forman, E & Beck, A. (2006, January). *The Empirical Status of Cognitive-Behavioral Therapy: A Review of Meta-Analyses.* Clinical Psychology Review. https://psycnet.apa.org/doi/10.1016/j.cpr.2005.07.003

Carbonelli, D. & Parteleno-Barehmi, C. (2016, May 11). *Psychodrama Groups for Girls Coping With Trauma.* Taylor & Francis Online. https://doi.org/10.1080/00207284.1999.11732607

Chambers, R., Chuen Yee Lo, B. & Allen, N. (2007, February 23). *The Impact of Intensive Mindfulness and Training on Attention Control, Cognitive Style, and Affect.* Springer Link. http://dx.doi.org/10.1007/s10608-007-9119-0

Chen, Y., Hung, K., Tsai, J., Chu, H., Chung, M., Chen, S., Liao, Y., Ou, K., Chang, Y. & Chou, K. (2014, August 7). *Efficacy of Eye-Movement Desensitization and Reprocessing for Patients with Posttraumatic-Stress Disorder: A Meta-Analysis of Randomized Controlled Trials.* PLOS ONE. https://dx.doi.org/10.1371%2Fjournal.pone.0103676

Cino, R. (2017, November 24). *How to Decrease Anxiety Using Somatic Experiencing.* myTherapyNYC. https://mytherapynyc.com/how-to-decrease-anxiety-using-somatic-experiencing/#comments

Clarke, J. (2021, July 31). *What Is Gestalt Therapy?* Verywell Mind. https://www.verywellmind.com/what-is-gestalt-therapy-4584583

ConciousnessNOWTV. (2020, September 19). *How to use*

Pendulation to Decrease Stress and Increase Well-Being. How to use Pendulation to Decrease Stress and Increase Well-Being - YouTube

Counselling and Meditation Exercises. (n.d.) Sligo Gestalt Counselling. https://sligogestaltcounselling.ie/try-these-counselling-exercises.html

Cutler, N. (n.d.) *Learning How to Unlock Tissue Memory.* Integrated Physical Therapy and Wellness. https://www.iptmi-ami.com/news/Learning_How_to_Unlock_Tissue_Memory

Depressive Disorders. (n.d.) Psychology Today. https://www.psychologytoday.com/us/conditions/depressive-disorders

Diaphragmatic Breathing Exercises. (n.d.). Physiopedia. https://www.physio-pedia.com/Diaphragmatic_Breathing_Exercises

Diaphragmatic Breathing: Everything You Need to Know. (n.d.). Evolve Chiropractic. https://myevolvechiropractor.com/diaphragmatic-breathing/

Eckelkamp, S. (2019, October 9). *Can Trauma Really be 'Stored' in the Body?* mbg Health. https://www.mindbodygreen.com/articles/can-trauma-be-stored-in-body

Energy Psychology (2017, October 26). Good Psychology. https://www.goodtherapy.org/learn-about-therapy/types/energy-psychology

Erdelyi, K. (2019, October 28). *What is Somatic Therapy?* Psycom. https://www.psycom.net/what-is-somatic-therapy/

Essential Somatics. (2019, February 1). *The Best Psoas Release.* (2) The Best Psoas Release - YouTube

Fallis, J. (2021, March 24). *How to Stimulate Your Vagus Nerve for Better Mental Health.* Optimal Living Dynamics. https://www.optimallivingdynamics.com/blog/how-to-stimulate-your-vagus-nerve-for-better-mental-health-brain-

vns-ways-treatment-activate-natural-foods-depression-
anxiety-stress-heart-rate-variability-yoga-massage-vagal-tone-
dysfunction

Feinstein, D. (2012, December 1). *Acupoint Stimulation in Treating Psychological Disorders: Evidence of Efficacy.* Sage Journals. https://doi.org/10.1037%2Fa0028602

Field, T. & Diego, M. (2008, March 4). *Vagal Activity, Early Growth and Emotional Development.* PubMed Central. https://dx.doi.org/10.1016%2Fj.infbeh.2007.12.008

Forgiveness: Your Health Depends On It. (n.d.) John Hopkins Medicine. https://www.hopkinsmedicine.org/health/wellness-and-prevention/forgiveness-your-health-depends-on-it

Friedman, L. (2019, November 15). *Using Somatic Experiencing to Cope with Anger.* Trauma & Beyond. Using Somatic Experiencing to Cope with Anger | Trauma Therapy (traumaandbeyondcenter.com)

Gaba, S. (2020, August 22). *Understanding Fight, Flight, Freeze and the Fawn Response.* Psychology Today. https://www.psychologytoday.com/gb/blog/addiction-and-recovery/202008/understanding-fight-flight-freeze-and-the-fawn-response

Giacomucci, S. & Marquit, J. (2020, May 19). *The Effectiveness of Trauma-Focused Psychodrama in the Treatment of PTSD in Inpatient Substance Abuse Treatment.* Frontiers in Psychology. https://doi.org/10.3389/fpsyg.2020.00896

Goodlet, N. (2020, November 30). *Vagus Nerve Stimulation Breathing Meditation Practice.* https://www.youtube.com/watch?v=kiQMaJJWcyQ

Hadley, H. (2017, July 19). *The Benefits of Somatic Breathing.* Total Somatics. https://totalsomatics.com/the-benefits-of-somatic-breathing/

Heidari, S., Shahbakhsh, B. & Jangjoo, M. (2017). *The*

Effectiveness of Gestalt Therapy on Depressed Women in Comparison with Drug Therapy. Journal of Applied Psychology and Behavioral Science. https://japbs.com/fulltext/paper-02012017134122.pdf

Hoffman, S., Sawyer, A., Witt. A & Oh, D. (2010, April 1). *The Effect of Mindfulness-Based Therapy on Anxiety and Depression: A Meta-Analytic Review.* PMC. https://www.ncbi.nlm.nih.gov/pmc/articles/PMC2848393/

Holmes, J. & McGauran, J. (Executive Producers). (1988–present). *Home and Away* [TV series]. Seven Studios; Seven Network Operations Limited; Red Heart Entertainment; Keeper Media.

Hopper, S., Murray, S., Ferrara, L. & Singleton, J. (2019, September). *Effectiveness of Diaphragmatic Breathing for Reducing Physiological and Psychological Stress in Adults: A Quantitative Systematic Review.* JBI Evidence Synthesis. https://doi.org/10.11124/jbisrir-2017-003848

IABET - Consciousness Through Art. (2020, April 2). *Art Therapy Exercise - Exploring Emotional Needs.* Art Therapy Exercise - Exploring Emotional Needs - YouTube

Jackson, K. (2019, February 4). *Pandiculations 101 with Think Somatics. (2)* Pandiculations 101 with Think Somatics - YouTube

Jackson, T. (2017, August 24). *Grounding: What to Do When You Feel Unstable.* Toni Jackson Counselling. https://tonijackson-counselling.com/2017/08/24/grounding-what-to-do-when-you-feel-unstable/

Jahnke, R., Larkey, L., Rogers, C., Etnier, J. & Lin, F. (2010, July 1). *A Comprehensive Review of Health Benefits of Qigong and Tai Chi.* Sage Journals. https://journals.sagepub.com

Janet, S. & Gowri, P. (2017). *Effectiveness of Deep Breathing*

Exercise on Blood Pressure Among Patients with Hypertension.
International Journal of Pharma and Bio Science.
http://dx.doi.org/10.22376/ijpbs.2017.8.1.b256-260

Jerath, R., Beveridge, C. & Barnes, V. (2019, January 29). *Self-Regulation Breathing of Breathing as an Adjunctive Treatment of Insomnia.* Frontiers. https://doi.org/10.3389/fpsyt.2018.00780

Johnson, J. (2020. May 27). *What to Know About Diaphragmatic Breathing.* Medical News Today. What is diaphragmatic breathing? Benefits and how-to (medicalnewstoday.com)

Jordan, S. (2016, February 7). *An Introduction to Focusing.* British Focusing Association. https://www.focusing.org.uk/an-introduction-to-focusing

Kelloway, R. (2019, March 29). *5 Somatic Experiencing Exercises to Keep Grounded During Coronavirus Uncertainty.* Life Care Wellness. https://life-care-wellness.com/somatic-experiencing-exercises-to-keep-you-grounded/

KoK, B., Coffey, K. & Cohn, M. (2013, May 6). *How Positive Emotions Build Physical Health: Perceived Positive Social Connections Account for the Upward Spiral Between Positive Emotions and Vagal Tone.* Sage Journals. https://doi.org/10.1177%2F0956797612470827

Langmuir, J., Kirsch, S. & Classen, C. (2012). *A Pilot Study of Body-Orientated Group Psychotherapy for the Group Treatment of Trauma.* APA PsycNet. https://psycnet.apa.org/doi/10.1037/a0025588

Leung, G & Khor, S. (2017, April 25). *Gestalt Intervention Groups for Anxious Parents in Hong Kong: A Quasi-Experimental Design.* Taylor & Francis Online. https://doi.org/10.1080/23761407.2017.1311814

Lindberg, S. (2019, January 9). *Psychopath.* Healthline. https://www.healthline.com/health/psychopath

Lynch, D., Laws, K & McKenna, P. (2009, May 29). *Cognitive Behavioral Therapy for Major Psychiatric Disorder: Does It Really Work? A Meta-Analytical Review of Well-Controlled Trials.* Cambridge University Press. https://doi.org/10.1017/s003329170900590x

Lyon, B. (2017, August 1). *Shame and Trauma.* Center for Healing Shame. https://healingshame.com/articles/2017/8/21/shame-and-trauma

Ma, X., Yue, Z., Gong, Z., Zhang, H., Duan, N., Shi, Y., Wei. G. & Li, Y. (2017, June 6). *The Effect of Diaphragmatic Breathing on Attention, Negative Affect and Stress in Healthy Adults.* PubMed Central. https://dx.doi.org/10.3389%2Ffpsyg.2017.00874

MacCarthy, M. (2019, December 17). *Somatic Low Back & Psoas Release.* (2) Somatic Low Back & Psoas Release - YouTube

Mertz, C. (2013). *The Effectiveness of Psychodrama for Adolescents who have Experienced Trauma.* Smith ScholarWorks. https://scholarworks.smith.edu/cgi/viewcontent.cgi?article=2024&context=theses

Meyer, A. (2020, June 20). *Subconscious Mind & Inner Child Explained: The Key to Wellbeing.* Medium. https://medium.com/invisible-illness/the-subconscious-mind-inner-child-explained-511b1ef93c7f

Miller, B., Littlefield, W., Morano, R., Wilson, D., Sears, F., Chaiken, I., Moss, E., Barker, M., Tuchman, E., Chang, Y., Hockin, S., Weber, J., Siracusa, F., & Fortenberry, D. (Executive Producers). (2017–present). *The Handmaid's Tale* [TV series]. Daniel Wilson Productions Inc.; The Littlefield Company; White Oak Pictures; MGM Studios.

Millman, R. (2019, March 24). *Healing the Inner Child | Tapping with Renee*. Healing The Inner Child | Tapping with Renee - YouTube

Millman, R. (2020, February 16). *Tapping to Heal the Inner Child and Letting Go of Shame | Tapping with Renee*. Tapping To Heal The Inner Child and Letting Go Of Shame | Tapping With Renee - YouTube

Moore, A. & Malinowski, P. (2009, March 18). *Meditation, Mindfulness and Cognitive Flexibility*. PubMed. https://pubmed.ncbi.nlm.nih.gov/19181542/

Morrisey, S. & Marr, J. (1984). Still Ill (Song) on *The Smiths*. Rough Trade.

Ortner, C., Kilner, S. & Zelazo, P. (2007, November 20). *Mindfulness Meditation and Reduced Emotional Interference on a Cognitive Task*. Springer Link. https://link.springer.com/article/10.1007/s11031-007-9076-7

Osadchey, S. (2028, August 8). *Somatic Experiencing (SE)*. Good Therapy. https://www.goodtherapy.org/learn-about-therapy/types/somatic-experiencing

Pandiculation - The Safe Alternative to Stretching. (2010, September 30). Essential Somatics. https://essentialsomatics.com/clinical-somatics-articles-case-studies/pandiculation-safe-alternative-stretching

Psychodrama. (2016, May 16). Good Therapy. https://www.goodtherapy.org/learn-about-therapy/types/psychodrama

Richmond, C. (2018, November 29). *Emotional Trauma and the Mind-Body Connection*. WebMD. https://www.webmd.com/mental-health/features/emotional-trauma-mind-body-connection

Saadati, H. & Lashani, L. (2013, July 9). *Effectiveness of Gestalt Therapy on Self-Efficacy of Divorced Women*. Science Direct. https://doi.org/10.1016/j.sbspro.2013.06.721

Sensorimotor Psychotherapy. (2015, August 24). Good Therapy. Sensorimotor Psychotherapy (goodtherapy.org)

Shapiro, F. (2014). *The Role of Eye Movement Desensitization and Reprocessing (EMDR) Therapy in Medicine: Addressing the Psychological and Physical Symptoms Stemming from Adverse Life Experience.* The Permanente Journal. https://dx.doi.org/10.7812%2FTPP%2F13-098

Shella. T. (2017, May 26). *Art Therapy Improves Mood, and Reduces Pain and Anxiety When Offered at Bedside During Acute Hospital Treatment.* Science Direct. https://www.sciencedirect.com/science/article/abs/pii/S0197455617301053

Somatic Experiencing International. (2019, August 15). *What is Pendulation in Somatic Experiencing with Peter A Levine, PhD.* https://www.youtube.com/watch?v=LiXOMLoDm68&t=1s

Tomasulo, D. (2021, June 18). *Do You Need a Mama Psychodrama?* LinkedIn. https://www.linkedin.com/pulse/do-you-need-mama-psychodrama-dan-tomasulo

Transformations Treatment Center. (2018, October 1). *EMDR: Self-Soothing at Home. (2) EMDR: Self-soothing at home - YouTube*

Tune Up Fitness (2020, March 10). *Hum to Activate the Vagus Nerve.* Hum to Activate the Vagus Nerve - YouTube

Tune Up Fitness. (2020, March 10). *Vagus Nerve: Breathing for Relaxation.* Vagus Nerve: Breathing for Relaxation - YouTube

Valiente-Gomez, A., Moreno-Alcazar, A., Treen, D., Cedron, C., Colom, F., Perez, V. & Amann, B. (2017, September 26). *EMDR Beyond PTSD: A Systematic Literature Review.* Frontiers in Psychology. https://doi.org/10.3389/fpsyg.2017.01668

Van Korff, M., Crane, P., Lane, M., Miglioretti, D., Simon, G., Saunders, K., Stang, P., Brandenburg, N. & Kessler, R. (2005, February). *Chronic Spinal Pain and Physical-Mental Comorobidiy* in the United States: Results From the National Comorbidity Survey Replication. PAIN 10.1016/j.pain.2004.11.010

Virant, K. (2019, May 12). *Chronic Illness and Trauma Disorders.* Psychology Today. https://www.psychologytoday.com/gb/blog/chronically-me/201905/chronic-illness-and-trauma-disorders

Wagner, D. (2016, June 27). *Polyvagal Theory in Practice.* Counseling Today. Polyvagal theory in practice - Counseling Today

Warren, S. (2019, April 21). *What is Pandiculation?* Somatic Movement Center. https://somaticmovementcenter.com/pandiculation-what-is-pandiculation/

Winn, A. (2019, August 15). *Energy Psychology Demonstration - Correct Demo of Cooks Hook Up.* (3) Energy psychology demonstration - Correct demo of Cooks Hookup - YouTube

Yates, B. (2013, September 28). *Self-Love in About Five Minutes - Tapping with Brad Yates.* https://www.youtube.com/watch?v=tLWTzQWa2hg

Yates, B. (2014, February 28). *Self-Compassion - Tapping with Brad Yates.* https://www.youtube.com/watch?v=KHydpkmWydI

Yates, B. (2020, August 31). *Narcissists (Getting Free from Past or Present Pain) - Tapping with Brad Yates.* Narcissists (getting free from past or present pain) - Tapping with Brad Yates - YouTube

Zhang, M., Zhang, Y. & Kong, Y. (2020, May 18). *Interaction Between Social Pain and Physical Pain.* SAGE Journals. https://doi.org/10.26599%2FBSA.2019.9050023

Zwerican, A & Joseph, S. (2018, October 1). *Focusing Manner and Posttraumatic Growth.* Core. https://www.focusing.org.uk/an-introduction-to-focusing

SEU FEEDBACK É VALIOSO!

Gostaríamos de ter a ousadia de pedir um ato de bondade de sua parte. Se você leu e gostou de nosso(s) livro(s), poderia deixar uma avaliação honesta na Amazon ou no Audible? Como um grupo editorial independente, seu feedback significa muito para nós. Lemos todas as resenhas que recebemos e gostaríamos muito de ouvir suas opiniões, pois cada comentário nos ajuda a atendê-lo melhor. Seu feedback também pode impactar outras pessoas em todo o mundo, ajudando-as a descobrir conhecimentos poderosos que podem ser implementados em suas vidas para dar-lhes esperança e autonomia. Desejamos a você capacitação, coragem e sabedoria em sua jornada.

Se você leu ou ouviu algum de nossos livros e gostaria de fazer uma resenha sobre ele, clique na guia "saiba mais" abaixo da foto do livro em nosso site:

https://ascendingvibrations.net/books